U0800530

一本书轻松学会

# 财报编制与应用

曾永翠　杭道富◎著

中国铁道出版社有限公司
CHINA RAILWAY PUBLISHING HOUSE CO., LTD.

图书在版编目（CIP）数据

一本书轻松学会财报编制与应用/曾永翠，杭道富著.—北京:中国铁道出版社有限公司，2022.9
ISBN 978-7-113-29283-6

Ⅰ.①一… Ⅱ.①曾… ②杭… Ⅲ.①会计报表-编制 Ⅳ.①F231.5

中国版本图书馆 CIP 数据核字（2022）第 106762 号

书　　名：一本书轻松学会财报编制与应用
YI BEN SHU QINGSONG XUEHUI CAIBAO BIANZHI YU YINGYONG
作　　者：曾永翠　杭道富

责任编辑：王　佩　　编辑部电话：（010）51873022　　邮箱：505733396@qq.com
封面设计：宿　萌
责任校对：孙　玫
责任印制：赵星辰

出版发行：中国铁道出版社有限公司（100054，北京市西城区右安门西街 8 号）
印　　刷：三河市宏盛印务有限公司
版　　次：2022 年 9 月第 1 版　2022 年 9 月第 1 次印刷
开　　本：710 mm×1 000 mm　1/16　印张：15.5　字数：214 千
书　　号：ISBN 978-7-113-29283-6
定　　价：69.80 元

# 前言

财务报表是综合反映企业经营信息的载体，从财务报表中可以发现企业生产经营过程中各方面的情况和问题。作为一个合格的财会人员，一定要能看懂财务报表；而一个优秀的财会人员，不仅要能看懂财务报表，还要能从财务报表中发现企业可能存在的问题。

借助财务报表进行财务分析，这一能力并不是一蹴而就的，需要经过财会人员不断摸索、探究、实践才能获得。

而在现实工作中，因为会计电算化的普及，一些财会人员甚至连财务报表是如何编制的都不知道，更别说利用财务报表进行必要的财务分析了。由于工作环境和条件的限制，使得很多财会人员无法系统地学习如何编制财务报表，因此，就会削弱财务报表在财会人员心中的重要性。

为了帮助财会人员详细了解财务报表的具体编制方法和规则，掌握实务中的报表运用技能，提高财务分析能力，从而提高财会工作能力，我们创作了本书。

全书共八章，可大致划分为三部分。

- 第一部分为第1章，这部分主要对财报编制前的基础知识进行介绍，如财务与会计的区别、财务报表与财务报告的关系、常见报表类型、四大报表、报表编制基础以及新会计准则中与财务报表相关的规定等，从最简单的财务理论知识入手，让读者打好基础。

- ◆ 第二部分为第2～6章，这部分分别从资产负债表、利润表、现金流量表、所有者权益变动表和报表附注这五个方面，对不同的报表编制方法与规则做详细介绍，帮助读者轻松学会如何编制报表。
- ◆ 第三部分为第7～8章，这部分主要是对本书内容的提升，也是进阶学习，包括借助报表数据进行财务分析、防范财务舞弊行为和虚假信息，以及财务风险防范，强调财务报表的重要性。

本书结构清晰明了，每一个财务报表用一章来介绍，使得内容更紧凑，学习起来更系统化。书中列举了大量的案例，让读者能更贴近实际地学习如何编制财务报表，以及如何运用财务报表，真正提高财务报表的编制能力和应用能力。

最后，希望所有读者都能从本书中学到想学的知识，加深对财务报表的认识，熟练看懂财务报表。

编　者

2022年3月

目录

# 第 1 章　揭示财务报表基础知识


1.1　一些财会概念要分清 2

1.1.1　财务与会计不一样 2

1.1.2　财务报表与财务报告不能等同 3

1.2　对财务报表的基本认识 4

1.2.1　不同分类下的报表类型 4

1.2.2　初见四大报表 7

1.2.3　编制各种报表的基本要求 8

1.2.4　学报表编制前一定要牢记会计恒等式 9

|范例解析| 出纳员从银行提取现金 1 000.00 元 10

|范例解析| 企业向银行借款 20.00 万元 10

|范例解析| 公司收到投资者投入的 80.00 万元 11

|范例解析| 公司支付前期未付原材料款 11

|范例解析| 商业承兑汇票到期无法支付转为应付账款 12

|范例解析| 甲公司 12 月中旬向股东宣告分派现金股利 13

|范例解析| 将公司的债务转为资本 13

|范例解析| 将盈余公积转增资本 14

1.3　新会计准则对财务报表的影响 15

# 第 2 章　透过资产负债表看企业家底


2.1　资产负债表的内容及结构......22

2.1.1　资产负债表列示的三大内容......22

2.1.2　常用资产负债表的结构......24

2.2　资产负债表的编制与填列......27

2.2.1　了解资产负债表的编制方法......27

|范例解析| 计算填列“货币资金”项目......28

|范例解析| 计算填列“应收账款”项目......29

|范例解析| 计算填列“长期借款”项目......29

|范例解析| 计算填列“固定资产”项目......30

2.2.2　清楚资产负债表各项目的填列规则......31

|范例解析| 公司“其他流动资产”项目的填列......32

|范例解析| 公司“其他流动负债”项目的填列......33

|范例解析| “开发支出”项目的填列......34

|范例解析| “预收账款”项目的填列......34

|范例解析| 公司“一年内到期的非流动负债”项目的填列......35

|范例解析| 公司“未分配利润”项目的填列......36

|范例解析| 公司“长期待摊费用”项目的填列......38

|范例解析| 公司“长期股权投资”项目的填列......39

|范例解析| 公司“无形资产”项目的填列......40

|范例解析| “长期应收款”项目的填列......41

|范例解析| 公司“存货”项目的填列......42

2.2.3　编制资产负债表容易犯的错误......43

2.3　资产负债表的阅读与审计......48

2.3.1　抓住要点轻松掌握资产负债表数据......48

2.3.2　熟知资产负债表的审计要点......50

2.3.3　生活中的资产负债表......52

|范例解析| 编制家庭资产负债表......52

# 第 3 章　查看利润表知晓公司盈亏

3.1　利润表的内容及结构 ......56
3.1.1　利润表的三大“块” ......56
3.1.2　常见利润表的结构 ......58
3.2　利润表的编制与填列 ......61
3.2.1　认识不同格式利润表的编制步骤 ......61
3.2.2　清楚利润表各项目的填列规则 ......64
|范例解析| 统计填列“营业收入”项目 ......64
|范例解析| 公司“税金及附加”项目的填列 ......65
|范例解析| 公司“销售费用”项目的填列 ......66
|范例解析| “研发费用”项目的填列 ......67
|范例解析| 公司“财务费用”项目的填列 ......68
|范例解析| 公司“投资收益”项目的填列 ......69
|范例解析| 公司“公允价值变动收益”项目的填列 ......71
|范例解析| 公司“信用减值损失”项目的填列 ......72
|范例解析| 公司“资产减值损失”项目的填列 ......73
|范例解析| 公司“资产处置收益”项目的填列 ......74
|范例解析| 公司“营业利润”项目的填列 ......75
|范例解析| 公司“营业外收入”项目的填列 ......76
|范例解析| 公司“营业外支出”项目的填列 ......77
|范例解析| 公司“利润总额”项目的填列 ......78
|范例解析| 公司“所得税费用”项目的填列 ......79
3.2.3　编制利润表容易犯的错误 ......81
3.3　利润表在实务中的运用 ......84
3.3.1　利润表的作用 ......85
3.3.2　生活中的利润表 ......86
|范例解析| 编制个人收支明细表 ......86

# 第 4 章　分析现金流量表掌握资金动向


4.1　现金流量表的内容及结构 ........88

4.1.1　现金流量表的三大内容 ........88

4.1.2　常用的现金流量表结构 ........92

4.1.3　了解现金流量表的主附表钩稽关系 ........94

4.2　现金流量表的编制与填列 ........95

4.2.1　现金流量表的编制原则 ........95

4.2.2　了解不同编制方法对应的编制程序 ........98

4.2.3　现金流量表各项目的填列规则 ........102

|范例解析| 填列“销售商品、提供劳务收到的现金”项目 ........102

|范例解析| 填列“收到其他与经营活动有关的现金”项目 ........103

|范例解析| 填列“购买商品、接受劳务支付的现金”项目 ........104

|范例解析| 填列“支付给职工以及为职工支付的现金”项目 ........105

|范例解析| 填列“支付的各项税费”项目 ........106

|范例解析| 填列“收回投资收到的现金”项目 ........108

|范例解析| 填列“取得投资收益收到的现金”项目 ........108

|范例解析| 处置一批电脑产生现金流量的填列 ........109

|范例解析| 购置厂房产生现金流量的填列 ........110

|范例解析| 填列“投资支付的现金”项目 ........111

|范例解析| 填列“吸收投资收到的现金”项目 ........112

|范例解析| 填列“取得借款收到的现金”项目 ........113

|范例解析| 填列“偿还债务支付的现金”项目 ........114

|范例解析| 填列“分配股利、利润或偿付利息支付的现金”项目 ........114

4.2.4　现金流量表填列时的易错点 ........115

4.3　工作中现金流量表的运用 ........117

4.3.1　企业现金流量及其构成分析 ........117

4.3.2　现金流量表与其他报表的关联 ........119

# 第 5 章　解读所有者权益变动表识破权益变化


## 5.1　所有者权益变动表的结构及内容 ........................................122

5.1.1　所有者权益变动表的纵横结构........................................122

5.1.2　所有者权益变动表的主要内容........................................124

## 5.2　所有者权益变动表的编制与填列 ........................................127

5.2.1　所有者权益变动表的编制规则........................................127

5.2.2　了解所有者权益变动表各项目如何填列........................................129

|范例解析| 誊抄 2019 年的所有者权益数据........................................129

|范例解析| 誊抄 2019 年年末余额数据........................................130

|范例解析| 计算填列 2020 年年初余额........................................131

|范例解析| 分析填列“资本公积”项目........................................132

|范例解析| 分析填列“减：库存股”项目........................................133

|范例解析| 分析填列“其他综合收益”项目........................................133

|范例解析| 分析填列“盈余公积”项目........................................134

|范例解析| 分析填列“未分配利润”项目........................................135

|范例解析| 分析填列“少数股东权益”项目........................................136

|范例解析| 计算填列“所有者投入和减少资本”........................................137

|范例解析| 计算填列“利润分配”........................................138

|范例解析| 计算填列“本期增减变动金额”........................................141

|范例解析| 计算填列“本年年末余额”........................................142

|范例解析| 计算填列母公司所有者权益........................................143

|范例解析| 计算填列“所有者权益合计”项目........................................144

5.2.3　填列所有者权益变动表要注意的问题........................................147

## 5.3　与所有者权益相关的其他部分........................................148

5.3.1　股利分配、股票分割、股票回购对权益的影响........................................148

5.3.2　债务重组对所有者权益的影响........................................150

5.3.3　企业合并如何影响所有者权益变动表........................................151

## 第 6 章　阅读财务报表附注了解补充说明

**6.1　认识财务报表附注很重要**......154

6.1.1　报表附注信息的特点......154

6.1.2　报表附注中大致需要披露的内容......157

**6.2　各会计准则规定的附注披露要求**......164

6.2.1　存货的披露......164

6.2.2　长期股权投资的披露......166

6.2.3　投资性房地产的披露......168

6.2.4　固定资产的披露......170

6.2.5　无形资产的披露......172

6.2.6　职工薪酬的披露......174

6.2.7　收入的披露......176

6.2.8　或有事项的披露......179

6.2.9　其他一些项目在附注中的披露要求......181

## 第 7 章　掌握报表数据在财务分析中的运用

**7.1　透过财务指标看企业偿债能力**......188

7.1.1　短期偿债能力分析......188

|范例解析| 计算流动比率分析企业短期偿债能力......188

|范例解析| 计算速动比率分析企业短期偿债能力......189

|范例解析| 计算现金比率评价企业短期偿债能力......190

7.1.2　长期偿债能力分析......191

|范例解析| 计算资产负债率看企业综合偿债能力......191

|范例解析| 计算股东权益比率看企业长期偿债能力......192

|范例解析| 计算产权比率看企业长期偿债能力 193
|范例解析| 计算利息保障倍数分析企业长期偿债能力 194

7.2 利用财务指标看企业营运能力 194

7.2.1 流动资产的营运能力 194
|范例解析| 计算应收账款周转率分析营运能力 195
|范例解析| 计算存货周转率分析营运能力 196
|范例解析| 计算流动资产周转率分析营运能力 197

7.2.2 固定资产的营运能力 197
|范例解析| 计算固定资产周转率分析营运能力 198

7.2.3 企业总资产的营运能力 199
|范例解析| 计算总资产周转率分析营运能力 199

7.3 以财务指标看企业盈利能力 200

7.3.1 衡量企业的总资产盈利能力 200
|范例解析| 计算资产息税前利润率 201
|范例解析| 计算资产利润率 202
|范例解析| 计算资产净利率 203

7.3.2 判断股东权益的盈利能力 203
|范例解析| 计算股东权益报酬率 204

7.3.3 分析销售活动的盈利能力 204
|范例解析| 计算公司的销售毛利率 205
|范例解析| 计算公司的销售净利率 206
|范例解析| 计算公司的成本费用利润率 207

7.3.4 与上市公司盈利能力有关的财务指标 207
|范例解析| 核算上市公司的每股收益 208
|范例解析| 核算市盈率和市净率 209

7.4 从财务指标看企业发展能力 210

7.4.1 以销售增长率看营收发展 210

|范例解析| 计算当期销售增长率 ......210
7.4.2 以资产增长率看规模扩展情况 ......211
|范例解析| 计算年度资产增长率 ......211
7.4.3 以股权资本增长率看资本累积能力 ......212
|范例解析| 计算年度股权资本增长率 ......212
7.4.4 以利润增长率看企业成长性 ......213
|范例解析| 计算公司当期利润增长率 ......213

**7.5 常用的财务综合分析方法 ......214**
|范例解析| 利用杜邦分析法看公司经营绩效 ......216

## 第 8 章 防范财务舞弊行为与虚假信息

**8.1 了解虚假报表产生的原因和危害 ......220**
8.1.1 欺诈性报表的含义及产生原因 ......220
8.1.2 欺诈性报表带来的危害 ......221

**8.2 认识财务指标背后的假象 ......223**
8.2.1 偿债能力指标的假象 ......223
8.2.2 营运能力指标的假象 ......224
8.2.3 盈利能力指标的假象 ......225
8.2.4 发展能力指标的假象 ......228

**8.3 做好财务风险防范工作 ......229**
8.3.1 简单认识财务报表的九个风险点 ......229
8.3.2 忌用单一的财务指标判断企业经营情况 ......233
8.3.3 建立内部财务牵制制度 ......236

# 第1章

## 揭示财务报表基础知识

财务报表的编制并不简单，它要以很多会计与财务知识为基础，并且需要掌握一定的编制方法。因此，要想顺利编制财务报表，先要学习并掌握一些与财务报表相关的基础知识，如财务与会计的区别、财务报表与财务报告的关系以及编制各种财务报表的基本要求等。

# 1.1 一些财会概念要分清

很多人认为财务就是会计，会计就是财务，也在很多时候将财务报表说成财务报告。那么，这些概念能等同吗？答案是否定的。分清这些概念，也是编制财务报表的前提。

## 1.1.1 财务与会计不一样

财务是指企业为了达到既定目标而进行的筹集资金和运用资金的活动，着重点是财务活动和财务关系。

会计则有两层含义：一是会计工作，指以货币为主要计量单位，运用专门的方法，核算和监督一个单位经济活动的一种经济管理工作；二是会计工作人员，如会计主管、会计监督和核算、出纳等都是属于会计工作人员的范畴。

从概念上看，似乎依然无法清晰地区别财务和会计，那么还可以从以下内容来对两者进行区分，见表 1-1。

表 1-1 财务与会计的区别

| 区别项 | 财 务 | 会 计 |
| --- | --- | --- |
| 本质 | 是一种活动或形态特征，主要是资金投入获取收益的活动 | 是一种记账方法，也是一种价值信息系统 |
| 地位 | 是实体，在经济组织内部处于主导地位，生产活动、技术运用、营销推广和人力资源管理等都要围绕利润最大化和本金扩张的财务目标去开展 | 是附体，在经济组织内部处于基础性地位，通过提供会计信息为财务管理和其他各项管理工作服务 |
| 涉及范围 | 财务活动的范围包括本金投入和获取收益的全过程，具体有筹资、投资、消耗、收入与分配等经济内容 | 是涵盖信息系统的全过程，包括会计信息的录入、储存、转换、输出、控制以及反馈等环节 |

虽然财务和会计是明显不同的两个概念，但两者在实务中却是“合作”关系，会计处于财务管理中的反映、控制、分析和监督环节，与财务共同为实现企业利润最大化和本金扩张的目标而努力。

## 1.1.2 财务报表与财务报告不能等同

工作中，很多财会人员可能都没有注意严格区分财务报表和财务报告，尤其是在一些口头称呼时经常将两者混用。实际上，财务报表和财务报告是不同的。

财务报表是反映企业或预算单位一定时期资金、利润状况的会计报表，如资产负债表、利润表、现金流量表、所有者权益变动表、现金流量附表和附注。财务报表也就是我们说的“五表一附注”。

财务报告俗称财报，它是重要财务报表与附注说明、董事报告、管理分析及财务情况说明等构成的一整套报告资料。换句话说，财务报表是财务报告的主要组成部分。

为了更直观地展现财务报表与财务报告在范围上的关系，可以看看如图 1-1 所示的内容。

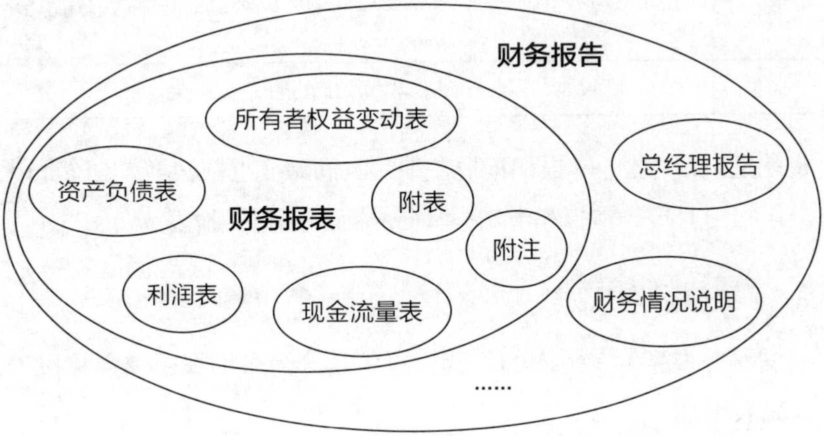


图 1-1 财务报表与财务报告的关系

# 1.2 对财务报表的基本认识

要学习如何编制财务报表，就得从认识财务报表开始。只有深刻地了解了财务报表的模样，才能保证编制出的财务报表符合要求。本节就从报表类型、四大报表、编制报表的基本要求及使用会计等式开始学习。

## 1.2.1 不同分类下的报表类型

财务报表根据不同的分类依据可以划分为不同类型的报表，具体如下：

（1）按编制时间划分

根据财务报表编制时间的不同，可以将其划分为月报、季报和年报，见表1-2。

表1-2 月报、季报、年报

| 报表类型 | 说　　明 |
|---|---|
| 月报 | 即月报表，是企业每月必须填报的会计报表。我国会计制度要求企业的资产负债表和利润表必须每月填报 |
| 季报 | 即季度报表，是反映截至报告季度的资金活动情况和预算收支执行情况的报表，在月报的基础上更详细地反映资金分布状况和预算收支执行情况等 |
| 年报 | 即年度报表，以一个纳税年度为周期而编制的会计报表 |

也就是说，月报、季报和年报在编制时间跨度上依次增大。除此以外，还有半年报，月报、季报和半年报又统称为中期财务报表。

（2）按编制范围划分

根据财务报表编制范围的不同，可将其分为个别报表和合并报表，相关内容见表1-3。

表 1-3 个别报表和合并报表

| 报表类型 | 说 明 |
|---|---|
| 个别报表 | 指以单个的独立法人作为会计主体编制的会计报表，它是编制合并报表的基础 |
| 合并报表 | 指由母公司编制的包括所有控股子公司会计报表有关数据的会计报表，是以母公司及其子公司组成会计主体而编制的，可向报表使用者提供公司集团的财务状况和经营成果 |

由此可见，个别报表的编制范围小于合并报表的编制范围。

（3）按服务对象划分

根据服务对象的不同，可将财务报表分为对外报表和内部报表，简要说明见表 1-4。

表 1-4 对外报表和内部报表

| 报表类型 | 说 明 |
|---|---|
| 对外报表 | 指企业必须定期编制，定期向上级主管部门、投资者、财税部门和债权人等报表使用者报送或按规定向社会公布的会计报表。它要求有统一的报表格式、指标体系和编制时间，如资产负债表、利润表和现金流量表均属于对外报表 |
| 内部报表 | 指企业根据自身内部经营管理的需要而编制的，供内部管理人员使用的会计报表，它不要求统一格式，也不要求统一指标体系，如成本报表就属于内部报表 |

根据上表中的说明可知，我们常说的资产负债表、利润表、现金流量表、所有者权益变动表及附表等，都是对外报表，需要按照规定，定期向社会和有关报表使用者公布。

（4）按报表提供会计信息的重要性划分

根据财务报表提供会计信息的重要性的不同，可以分为主表和附表，相关说明见表 1-5。

表 1-5　主表和附表

| 报表类型 | 说　明 |
| --- | --- |
| 主表 | 即主要财务报表，指提供的会计信息比较全面、完整，能基本满足各种信息使用者的不同要求的会计报表。如资产负债表、利润表、现金流量表和所有者权益变动表等 |
| 附表 | 即从属报表，是指对主表中不能或难以详细反映的一些重要信息所做的补充说明而形成的会计报表。如利润分配表是利润表的附表；应交增值税明细表和资产减值准备明细表是资产负债表的附表 |

主表与对应的附表之间存在钩稽关系，主表反映企业的主要财务状况、经营成果和现金流量，附表则对主表内容做进一步补充说明。

（5）按编报的单位划分

根据财务报表编报单位的不同，可以分为基层财务报表和汇总财务报表，简要说明见表 1-6。

表 1-6　基层财务报表和汇总财务报表

| 报表类型 | 说　明 |
| --- | --- |
| 基层财务报表 | 指由独立核算的基层单位编制的会计报表，用来反映本单位财务状况和经营成果 |
| 汇总财务报表 | 指上级和主管部门将本身的会计报表与其所属单位报送的基层报表汇总编制而成的会计报表 |

（6）按报表反映的资金运动形态划分

根据财务报表反映的企业资金运动形态的不同，可将其分为静态报表和动态报表。

静态报表是指对企业某一时点的财务状况进行反映的会计报表，如资产负债表。动态报表是对企业某一时间段的财务状况和经营成果进行反映的报表，如利润表、现金流量表等。

### 1.2.2 初见四大报表

在上一小节中，我们了解了财务报表的分类，那么什么是四大报表呢？我们常说的四大报表是指资产负债表、利润表、现金流量表和所有者权益变动表。

（1）资产负债表

资产负债表是反映企业在一定日期的财务状况的主要会计报表。这里的“一定日期”通常为各会计期末，如 1 月 31 日、3 月 31 日等月末，6 月 30 日、9 月 30 日等季末，以及每年末的 12 月 31 日。而“财务状况”是指企业的资产、负债和所有者权益的状况。

资产负债表的形成以特定日期的静态企业情况为基准，在形成之前，需要经过分录、转账、分类账、试算平衡和调整等会计程序。

（2）利润表

利润表是反映企业在一定会计期间内的经营成果的会计报表。这里的“一定会计期间”可以是一个月、一个季度、半年、一年等。由于企业在一定会计期间的经营成果既可能表现为盈利，也可能表现为亏损，所以有些企业称之为损益表，或者收益表。

报表使用者可以利用利润表解释、评价和预测企业的经营成果、获利能力以及偿债能力；对于企业管理人员而言，可以借助利润表做出经营决策，同时评价和考核管理人员的工作绩效。

（3）现金流量表

现金流量表反映的是在一个固定期间内，企业的现金增减变动情况的会计报表。这里的“一个固定期间”与利润表的“一定会计期间”类似，可以是一个月、一个季度、半年、一年等。而这里的“现金”不仅仅只是库存现金，还包括企业的银行存款。

现金流量表是原来的财务状况变动表或资金流动状况表的替代物，主要描述的是企业经营、投资和筹资活动产生的现金流情况。

（4）所有者权益变动表

所有者权益变动表是反映企业当期内至期末所有者权益变动情况的会计报表。在2007年以前，企业的所有者权益变动情况是以资产负债表附表的形式予以体现的，而新准则颁布后，企业必须对外呈报所有者权益变动表。

从字面意思可以看出，所有者权益变动表反映了构成所有者权益各组成部分当期的增减变动情况。它既可以为报表使用者提供所有者权益总量增减变动信息，也能为其提供所有者权益增减变动的结构性信息。

### 1.2.3 编制各种报表的基本要求

了解了企业经营过程中有哪些财务报表以及认识了四大报表后，接下来就要学习编制财务报表的一些要求。无论是哪一种报表，都要遵循基本的编报要求，具体内容如下：

◆ 数字真实

财务报表中的各项数据必须真实可靠，且如实地反映企业的财务状况、经营成果和现金流量情况。这也是对会计信息质量的基本要求。

◆ 内容完整

财务报表应反映企业经济活动的全貌，即全面反映企业的财务状况和经营成果，这样才能满足报表使用各方对会计信息的要求。凡是国家要求提供的财务报表，各企业必须全部编制完整齐全并向相关部门报送，不得漏编和漏报。同样地，凡是国家统一要求在财务报表中披露的信息，都必须清楚、完全地披露出来。

◆ 计算准确

对企业来说，日常的会计核算和编制财务报表等工作都会涉及大量的数字计算，因此，只有准确计算才能保证数字真实可靠。

工作中，要求编制财务报表时必须以核对无误后的账簿记录和其他有关资料为依据，不能使用估计或推算的数据，更不能以任何方式在数据上动手脚、弄虚作假、玩数字游戏或隐瞒谎报。

◆ 报送及时

及时性是会计信息的重要特征，财务报表信息只有及时地传递给信息使用者，才能为使用者的决策提供依据，否则，财务报表信息即使是真实可靠且内容完整的，也会因为编制和报送不及时而降低其在报表使用者手上的使用价值。

◆ 手续完备

企业对外提供的财务报表应加具封面，并装订成册、加盖公章。同时，财务报表封面上应注明企业名称、组织形式、地址、报表所属年度或月份以及报出日期等信息，由企业负责人和主管会计工作的负责人、会计机构负责人签名并盖章；设置总会计师的企业，还应由总会计师签名并盖章。

由于编制财务报表的直接依据是会计账簿，所有报表的数据都来源于会计账簿，因此，为了保证财务报表数据的正确性，在编制报表之前还必须做好对账与结账工作，做到账证相符、账账相符和账实相符。

### 1.2.4 学报表编制前一定要牢记会计恒等式

某些财务报表的编制需要依据相应的会计恒等式，通过会计恒等式，可以简单地检查报表的编制是否正确。比如资产负债表，其编制依据会计恒等式“资产 = 负债 + 所有者权益”；利润表，其编制依据会计等式“收入 − 费用 = 利润”。

（1）资产＝负债＋所有者权益

这一会计恒等式又称财务状况等式，用来反映企业某一特定时点资产、负债和所有者权益三者之间的平衡关系。实务中，企业的各种经济业务都会使会计要素发生增减变动，从而使该会计恒等式发生相应变化，具体有如下九种变化。

◆ 资产↑↓＝负债＋所有者权益

这一变化是指一项资产增加、另一项资产等额减少，而整个恒等式的总额没有变化。

工作中，从银行提现、将多余现金存入银行以及用货币资金购买固定资产或无形资产等经济业务，都会引发此类变化。

**｜范例解析｜ 出纳员从银行提取现金1 000.00元**

2021年10月21日，甲公司出纳员李某从银行提取现金1 000.00元，以补充公司内部的库存现金。相关会计分录如下：

借：库存现金　　　　1 000.00

　　贷：银行存款　　　　1 000.00

上述案例中，一项资产增加表现为库存现金的增加，另一项资产等额减少表现为银行存款的等额减少。

◆ 资产↑＝负债↑＋所有者权益

这一变化是指一项资产增加、一项负债等额增加，整个恒等式的总额也随之增加。

工作中，企业向银行借款等经济业务都会引发此类变化。

**｜范例解析｜ 企业向银行借款20.00万元**

2021年10月21日，甲公司出纳员向银行申请20.00万元的短期借款，用于后期原材料的采购。不考虑利息费用，相关会计分录如下：

借：银行存款　　　　　　　　　　　200 000.00

　　贷：短期借款　　　　　　　　　　　200 000.00

上述案例中，一项资产的增加表现为银行存款的增加，一项负债的等额增加表现为短期借款的等额增加。

◆ 资产↑ = 负债 + 所有者权益↑

这一变化是指一项资产增加、一项所有者权益等额增加，整个恒等式的总额也随之增加。

工作中,收到投资者投入的资金或者追加投资资金时,会引发此类变化。

**| 范例解析 |　公司收到投资者投入的80.00万元**

2021年10月22日，一家新成立的公司收到其中一位投资者投入的资金80.00万元，全部确认为实收资本。相关会计分录如下：

借：银行存款　　　　　　　　　　　800 000.00

　　贷：实收资本　　　　　　　　　　　800 000.00

上述案例中，一项资产的增加表现为银行存款的增加，一项所有者权益等额增加表现为实收资本的等额增加。

◆ 资产↓ = 负债↓ + 所有者权益

这一变化是指一项资产减少、一项负债等额减少，整个恒等式的总额也随之减少。

工作中，向供应商支付前期未付货款、向税务机关缴纳税费、向职工发放工资以及归还银行借款等经济业务，都会引发此类变化。

**| 范例解析 |　公司支付前期未付原材料款**

2021年10月22日，丙公司向其供应商支付了前期未付原材料款共8.24万元，相关会计分录如下：

借：应付账款　　　　　　　　　　　82 400.00

　　贷：银行存款　　　　　　　　　　　82 400.00

在上述案例中，一项资产的减少表现为银行存款的减少，一项负债等额减少表现为应付账款等额减少。

◆ 资产↓＝负债＋所有者权益↓

这一变化是指一项资产减少、一项所有者权益等额减少，整个恒等式的总额也随之减少。

工作中，投资者减少投资的经济活动就会引发此类变化。但实务中减资的情况很少出现，所以该会计恒等式的此类变化并不常见。

◆ 资产＝负债↑↓＋所有者权益

这一变化是指一项负债增加、另一项负债等额减少，整个恒等式的总额没有变化。

工作中，公司以商业票据支付前期应付货款、商业承兑汇票到期无法支付而转为应付账款以及短期借款展期为长期借款等经济业务，会引发该类变化。

**| 范例解析 | 商业承兑汇票到期无法支付转为应付账款**

2021年10月21日，丙公司对外开出的一张商业承兑汇票已经到期，但无法支付相应货款，于是会计人员将该笔应支付的货款转为应付账款，金额为15.38万元，相关会计分录如下：

借：应付票据　　　　153 800.00

　　贷：应付账款　　　　153 800.00

上述案例中，一项负债的增加表现为应付票据的增加，另一项负债等额减少表现为应付账款的等额减少。

◆ 资产＝负债↑＋所有者权益↓

这一变化是指一项负债增加、一项所有者权益等额减少，整个恒等式的总额没有变化。

工作中，企业宣告分派现金股利时会引发此类变化。

**| 范例解析 | 甲公司12月中旬向股东宣告分派现金股利**

2021年12月中旬，甲公司对外宣告向公司股东分派现金股利118.76万元，相关会计分录如下：

借：利润分配——应付现金股利　　　　　　1 187 600.00

　　贷：应付股利　　　　　　　　　　　　　1 187 600.00

上述案例中，一项负债的增加表现为应付股利的增加，一项所有者权益等额减少表现为利润分配的等额减少。

◆ 资产 = 负债↓ + 所有者权益↑

这一变化是指一项负债减少、一项所有者权益等额增加，整个恒等式的总额没有变化。

工作中，企业将欠供应商或其他单位的货款，换成供应商或其他单位在本企业的股份，这一经济业务会引发此类变化。

**| 范例解析 | 将公司的债务转为资本**

2021年10月底，丙公司召开股东会，决议将对供应商的50.00万元债务全部转为资本，相关会计分录如下：

借：应付账款　　　　　　　　　　　　　500 000.00

　　贷：实收资本——××公司　　　　　　　500 000.00

上述案例中，一项负债的减少表现为应付账款的减少，一项所有者权益等额增加表现为实收资本的等额增加。

◆ 资产 = 负债 + 所有者权益↑↓

这一变化是指一项所有者权益增加、另一项所有者权益等额减少，整个恒等式的总额没有变化。

工作中，企业将提取的盈余公积弥补亏损，或者转增资本（或股本）的经济业务，会引发此类变化。

**| 范例解析 | 将盈余公积转增资本**

2021年12月底，公司召开股东会，决议将提取的盈余公积中的50.00万元转增资本，剩余的盈余公积不少于转增前的注册资本的25%。相关会计分录如下：

借：盈余公积　　　　　　　　　　　　　　　500 000.00

　　贷：实收资本　　　　　　　　　　　　　　　500 000.00

上述案例中，一项所有者权益的增加表现为实收资本的增加，另一项所有者权益等额减少表现为盈余公积的等额减少。

实务中，各种经济业务产生的数据都将反映在财务报表中，因此，资产负债表的编制会涉及“资产＝负债＋所有者权益”这一等式的运用。

（2）收入－费用＝利润

这一会计等式又叫经营成果等式，用来反映企业一定时期内收入、费用和利润之间的恒等关系。而且，这一等式也反映了企业利润的实现过程，是编制利润表的依据。

该等式中的“收入”是指企业在日常经营活动中形成的、会导致所有者权益增加的、与所有者投入资本无关的经济利益的总流入。

“费用”是指企业在日常经营活动中发生的、会导致所有者权益减少的、与向投资者分配利润无关的经济利益的总流出，包括生产费用和期间费用。

“利润”是指企业在一定会计期间的经营成果，它是收入减去费用的差加上直接计入当期损益的利得减去损失的差的合计。

该会计恒等式如何用来编制企业的利润表呢？相关内容将在本书的第3章讲解利润表时予以详细介绍。

## 1.3 新会计准则对财务报表的影响

由于新会计准则的颁布和实施，引起各种财务报表在编制和填列时的一些变化，因此我们需要了解新会计准则对财务报表的具体影响，这样才能正确地编制出最新要求下的财务报表。

这里的新会计准则主要是指新金融准则、新收入准则和新租赁准则。下面就简单列举这些新会计准则的变化以及对财务报表的影响。

（1）新金融准则

《企业会计准则第 22 号——金融工具确认和计量》（财会〔2017〕7 号）与《企业会计准则第 22 号——金融工具确认和计量》（财会〔2006〕3 号）相比，很多内容都有变化，例如下面为新增的内容：

第三条 金融资产是指企业持有的现金、其他方的权益工具以及符合下列条件之一的资产：

（一）从其他方收取现金或其他金融资产的合同权利。

（二）在潜在有利条件下，与其他方交换金融资产或金融负债的合同权利。

（三）将来须用或可用企业自身权益工具进行结算的非衍生工具合同，且企业根据该合同将收到可变数量的自身权益工具。

（四）将来须用或可用企业自身权益工具进行结算的衍生工具合同，但以固定数量的自身权益工具交换固定金额的现金或其他金融资产的衍生工具合同除外。其中，企业自身权益工具不包括应当按照《企业会计准则第37号——金融工具列报》分类为权益工具的可回售工具或发行方仅在清算时才有义务向另一方按比例交付其净资产的金融工具，也不包括本身就要求在未来收取或交付企业自身权益工具的合同。

第四条 金融负债是指企业符合下列条件之一的负债：

（一）向其他方交付现金或其他金融资产的合同义务。

（二）在潜在不利条件下，与其他方交换金融资产或金融负债的合同义务。

（三）将来须用或可用企业自身权益工具进行结算的非衍生工具合同，且企业根据该合同将交付可变数量的自身权益工具。

（四）将来须用或可用企业自身权益工具进行结算的衍生工具合同，但以固定数量的自身权益工具交换固定金额的现金或其他金融资产的衍生工具合同除外。企业对全部现有同类别非衍生自身权益工具的持有方同比例发行配股权、期权或认股权证，使之有权按比例以固定金额的任何货币换取固定数量的该企业自身权益工具的，该类配股权、期权或认股权证应当分类为权益工具。其中，企业自身权益工具不包括应当按照《企业会计准则第37号——金融工具列报》分类为权益工具的可回售工具或发行方仅在清算时才有义务向另一方按比例交付其净资产的金融工具，也不包括本身就要求在未来收取或交付企业自身权益工具的合同。

由上述内容可以看出，新金融准则的实施会影响各金融资产、金融负债以及权益工具等在资产负债表中的列示，具体的不同在本书第 2 章进行展示对比。

企业会计准则第 22 号发生变化，相应地，《企业会计准则第 37 号——金融工具列报》（财会〔2017〕14 号）也在《企业会计准则第 37 号——金融工具列报》（财会〔2014〕23 号）的基础上做了调整。这也能说明新金融准则对财务报表的列报产生了影响。

（2）新收入准则

新收入准则是指 2017 年 9 月颁布的《企业会计准则第 14 号——收入》（财会〔2017〕22 号），与《企业会计准则第 14 号——收入》（财会〔2006〕3 号）相比，也有了很大的变化。以下是新收入准则中第三条的内容：

第三条 本准则适用于所有与客户之间的合同，但下列各项除外：

（一）由《企业会计准则第2号——长期股权投资》、《企业会计准则第22号——金融工具确认和计量》、《企业会计准则第23号——金融资产转移》、《企业会计准则第24号——套期会计》、《企业会计准则第33号——合并财务报表》以及《企业会计准则第40号——合营安排》规范的金融工具及其他合同权利和义务,分别适用《企业会计准则第2号——长期股权投资》、《企业会计准则第22号——金融工具确认和计量》、《企业会计准则第23号——金融资产转移》、《企业会计准则第24号——套期会计》、《企业会计准则第33号——合并财务报表》以及《企业会计准则第40号——合营安排》。

（二）由《企业会计准则第21号——租赁》规范的租赁合同，适用《企业会计准则第21号——租赁》。

（三）由保险合同相关会计准则规范的保险合同，适用保险合同相关会计准则。

本准则所称客户，是指与企业订立合同以向该企业购买其日常活动产出的商品或服务（以下简称“商品”）并支付对价的一方。

本准则所称合同，是指双方或多方之间订立有法律约束力的权利义务的协议。合同有书面形式、口头形式以及其他形式。

而 2006 年颁布的收入准则的第三条的内容仅有如下一句话：

第三条 长期股权投资、建造合同、租赁、原保险合同、再保险合同等形成的收入，适用其他相关会计准则。

除此以外，新收入准则将原来的收入准则中的第二章至第四章的各种收入的规定整合变更为了现在的第二章“确认”、第三章“计量”、第四章“合同成本”，另外，新准则还增加了一章“特定交易的会计处理”，而最后一章也从原来的“披露”改成了现在的倒数第二章“列报”，且在内容上也更丰富。从新收入准则的“列报”章节即可了解其对财务报表的影响，大致会涉及应收款项、合同资产、合同负债等项目的填报。

（3）新租赁准则

新租赁准则指《企业会计准则第 21 号——租赁》（财会〔2018〕35 号），

与《企业会计准则第21号——租赁》（财会〔2006〕3号）相比，对章节内容做了合并、拆分和整合，同时也新增加了一些内容，具体可进入“财政部/会计司”官网进行会计准则的查看。

而关于“列报”，新租赁准则将原来单独一章的“列报”规定划分成了两个小节，分别是承租人的列报和出租人的列报，相关内容如下：

第六章 列报

第一节 承租人的列报

第五十三条 承租人应在资产负债表中单独列示使用权资产和租赁负债。其中租赁负债通常分别非流动负债和一年内到期的非流动负债列示。

在利润表中，承租人应当分别列示租赁负债的利息费用与使用权资产的折旧费用。租赁负债的利息费用在财务费用项目列示。

在现金流量表中，偿还租赁负债本金和利息所支付的现金应当计入筹资活动现金流出，支付的按本准则第三十二条简化处理的短期租赁付款额和低价值资产租赁付款额，以及未纳入租赁负债计量的可变租赁付款额应当计入经营活动现金流出。

第五十四条 承租人应当在附注中披露与租赁有关的下列信息：

（一）各类使用权资产的期初余额、本期增加额、期末余额以及累计折旧额和减值金额；

（二）租赁负债的利息费用；

（三）计入当期损益的按本准则第三十二条简化处理的短期租赁费用和低价值资产租赁费用；

（四）未纳入租赁负债计量的可变租赁付款额；

（五）转租使用权资产取得的收入；

（六）与租赁相关的总现金流出；

（七）售后租回交易产生的相关损益；

（八）其他按照《企业会计准则第37号——金融工具列报》应当披露的有关租赁负债的信息。

承租人应用本准则第三十二条对短期租赁和低价值资产租赁进行简化处理的，应当披露这一事实。

第五十五条 承租人应当根据理解财务报表的需要，披露有关租赁活动的其他定性和定量信息。此类信息包括：

（一）租赁活动的性质，如对租赁活动基本情况的描述；

（二）未纳入租赁负债计量的未来潜在现金流出；

（三）租赁导致的限制或承诺；

（四）售后租回交易除第五十四条第（七）项之外的其他信息；

（五）其他相关信息。

第二节 出租人的列报

第五十六条 出租人应当根据资产的性质，在资产负债表中列示经营租赁资产。

第五十七条 出租人应当在附注中披露与融资租赁有关的下列信息：

（一）销售损益、租赁投资净额的融资收益以及与未纳入租赁投资净额的可变租赁付款额相关的收入；

（二）资产负债表日后连续五个会计年度每年将收到的未折现租赁收款额，以及剩余年度将收到的未折现租赁收款额总额；

（三）未折现租赁收款额与租赁投资净额的调节表。

第五十八条 出租人应当在附注中披露与经营租赁有关的下列信息：

（一）租赁收入，并单独披露与未计入租赁收款额的可变租赁付款额相关的收入；

（二）将经营租赁固定资产与出租人持有自用的固定资产分开，并按经营租赁固定资产的类别提供《企业会计准则第4号——固定资产》要求披露的信息；

（三）资产负债表日后连续五个会计年度每年将收到的未折现租赁收款额，以及剩余年度将收到的未折现租赁收款额总额。

第五十九条 出租人应当根据理解财务报表的需要，披露有关租赁活动的其他定性和定量信息。此类信息包括：

（一）租赁活动的性质，如对租赁活动基本情况的描述；

（二）对其在租赁资产中保留的权利进行风险管理的情况；

（三）其他相关信息。

…………

可以发现，新租赁准则对于租赁业务的列报规定更详细，相应地会影响租赁收入以及相关成本的确认和计量，以及相关资产的列示，从而影响利润表和资产负债表的编制。

# 第2章

## 透过资产负债表看企业家底

资产负债表可以反映企业的财务状况，包括资产、负债和所有者权益分别有多少，结构是怎样的，是负债多还是所有者权益多，企业有没有出现资不抵债的情况等。所以，透过资产负债表我们可以查看企业家底，对企业资产结构有一个大致的了解。

# 2.1 资产负债表的内容及结构

要学习资产负债表的编制和应用，先要了解资产负债表的内容及其结构，这样才能保证编制出来的资产负债表的格式是正确的，内容是完整的。

## 2.1.1 资产负债表列示的三大内容

通过第1章的学习，我们初步知道了资产负债表有“资产”“负债”和“所有者权益”，这就是资产负债表需要列示的三大内容。下面来详细认识资产、负债和所有者权益。

（1）资产

资产是指企业过去的交易或事项形成的、由企业拥有或控制的、预期会给企业带来经济利益的资源。从资产负债表的内容看，资产按照流动性进行分类，分为流动资产和非流动资产。

◆ 流动资产

流动资产指预计在一个正常营业周期内变现、出售或耗用，或者主要为了交易目的而持有，或者预计在资产负债表日起一年内（含一年）变现的资产，以及自资产负债表日起一年内交换其他资产或清偿负债的能力不受限制的现金或现金等价物。

例如，货币资金、交易性金融资产、应收票据、应收账款、预付款项、其他应收款、存货、合同资产、持有待售资产以及一年内到期的非流动资产等。

◆ 非流动资产

非流动资产指流动资产以外的资产，也可以理解为不能在一年或者超过一年的一个营业周期内变现或耗用的资产。

例如，债权投资、其他债权投资、长期应收款、长期股权投资、其他权益工具投资、投资性房地产、固定资产、在建工程、无形资产、长期待摊费用以及递延所得税资产等。

（2）负债

负债是指企业过去的交易或事项形成的，预期会导致经济利益流出企业的现时义务。从资产负债表的内容看，负债按照偿还期限的长短，分为流动负债和非流动负债。

◆ 流动负债

流动负债也叫短期负债，是指预计在一个正常营业周期内需要偿还，或者主要为了交易目的而持有，或者自资产负债表日起一年内（含一年）到期应予以清偿，或者企业无权自主地将清偿推迟至资产负债表日以后一年以上的负债。

例如，短期借款、交易性金融负债、应付票据、应付账款、预收款项、合同负债、应付职工薪酬、应交税费、其他应付款以及一年内到期的非流动负债等。

◆ 非流动负债

非流动负债也叫长期负债，是指流动负债以外的负债，也可以理解为偿还期在一年以上或超过一年的一个正常营业周期以上的各种负债。

例如，长期借款、应付债券、长期应付款、预计负债、递延收益和递延所得税负债等。

（3）所有者权益

所有者权益是指企业资产扣除负债后由所有者享有的剩余权益，它与负债一起可统称为“权益”，负债是债权人权益。有些企业会将所有者权益称为股东权益。

所有者权益的确认和计量，主要取决于资产、负债、收入和费用等其他会计要素的确认和计量，在数量上等于企业资产总额扣除负债总额后的净额，因此也称其为净资产。

从资产负债表的内容看，企业的所有者权益包括所有者投入的资本、直接计入所有者权益的利得和损失、留存收益等，分别对应资产负债表中的项目为实收资本（或股本）、资本公积（含资本溢价或股本溢价、其他资本公积）、盈余公积和未分配利润等。

### 2.1.2 常用资产负债表的结构

资产负债表根据其类型的不同，其结构有明显不同。

（1）账户式资产负债表

我国企业常用的资产负债表为左右结构，即账户式资产负债表，也称为水平式资产负债表。

这种结构下的资产负债表，其资产项目按照资产的账户式流动性大小列示在报表的左侧，分为流动资产和非流动资产两大项目，并根据流动性强列示在前的原则将各个项目按顺序排列。

负债和所有者权益项目一起列示在报表的右侧，且右上方列示负债项目，右下方列示所有者权益项目。而负债项目又会根据偿还期限短列示在前的原则将各个项目顺序排列。所有者权益项目一般按照实收资本（或股本）、其他权益工具、资本公积、其他综合收益、专项储备、盈余公积、未分配利润的顺序列示。

另外，报表左右两侧统计的总计金额应相等，这就是会计恒等式“资产＝负债＋所有者权益”的体现。需要注意，资产负债表中的每一个项目都要填列“年初余额”和“期末余额”两栏数据。财政部相关政策中公布的适用于已执行新金融准则、新收入准则和新租赁准则的报表格式和适用于未执行新金融准则、新收入准则和新租赁准则的报表格式，如图 2-1 和图 2-2 所示。

**资产负债表**

会企 01 表

编制单位： 年 月 日 单位： 元

| 资产 | 期末余额 | 年初余额 | 负债和所有者权益（或股东权益） | 期末余额 | 年初余额 |
|---|---|---|---|---|---|
| 流动资产： | | | 流动负债： | | |
| 货币资金 | | | 短期借款 | | |
| 交易性金融资产 | | | 交易性金融负债 | | |
| 衍生金融资产 | | | 衍生金融负债 | | |
| 应收票据 | | | 应付票据 | | |
| 应收账款 | | | 应付账款 | | |
| 应收账款融资 | | | 预收款项 | | |
| 预付款项 | | | 合同负债 | | |
| 其他应收款 | | | 应付职工薪酬 | | |
| 存货 | | | 应交税费 | | |
| 合同资产 | | | 其他应付款 | | |
| 持有待售资产 | | | 持有待售负债 | | |
| 一年内到期的非流动资产 | | | 一年内到期的非流动负债 | | |
| 其他流动资产 | | | 其他流动负债 | | |
| 流动资产合计 | | | 流动负债合计 | | |
| 非流动资产： | | | 非流动负债： | | |
| 债权投资 | | | 长期借款 | | |
| 其他债权投资 | | | 应付债券 | | |
| 长期应收款 | | | 其中：优先股 | | |
| 长期股权投资 | | | 永续债 | | |
| 其他权益工具投资 | | | 租赁负债 | | |
| 其他非流动金融资产 | | | 长期应付款 | | |
| 投资性房地产 | | | 预计负债 | | |
| 固定资产 | | | 递延收益 | | |
| 在建工程 | | | 递延所得税负债 | | |
| 生产性生物资产 | | | 其他非流动负债 | | |
| 油气资产 | | | 非流动负债合计 | | |
| 使用权资产 | | | 负债合计 | | |
| 无形资产 | | | 所有者权益（或股东权益）： | | |
| 开发支出 | | | 实收资本（或股本） | | |
| 商誉 | | | 其他权益工具 | | |
| 长期待摊费用 | | | 其中：优先股 | | |
| 递延所得税资产 | | | 永续债 | | |
| 其他非流动资产 | | | 资本公积 | | |
| 非流动资产合计 | | | 减：库存股 | | |
| | | | 其他综合收益 | | |
| | | | 专项储备 | | |
| | | | 盈余公积 | | |
| | | | 未分配利润 | | |
| | | | 所有者权益（或股东权益）合计 | | |
| 资产总计 | | | 负债和所有者权益（或股东权益）总计 | | |

单位负责人： 财务主管： 制表人：

图 2-1 适用于已执行新金融准则、新收入准则和新租赁准则的资产负债表

**资产负债表**

会企 01 表

编制单位：　　　　　　　　　　年　月　日　　　　　　　　　　单位：元

| 资产 | 期末余额 | 年初余额 | 负债和所有者权益（或股东权益） | 期末余额 | 年初余额 |
|---|---|---|---|---|---|
| 流动资产： | | | 流动负债： | | |
| 货币资金 | | | 短期借款 | | |
| 以公允价值计量且其变动计入当期损益的金融资产 | | | 以公允价值计量且其变动计入当期损益的金融负债 | | |
| 衍生金融资产 | | | 衍生金融负债 | | |
| 应收票据 | | | 应付票据 | | |
| 应收账款 | | | 应付账款 | | |
| 预付款项 | | | 预收款项 | | |
| 其他应收款 | | | 应付职工薪酬 | | |
| 存货 | | | 应交税费 | | |
| 持有待售资产 | | | 其他应付款 | | |
| 一年内到期的非流动资产 | | | 持有待售负债 | | |
| 其他流动资产 | | | 一年内到期的非流动负债 | | |
| 流动资产合计 | | | 其他流动负债 | | |
| 非流动资产： | | | 流动负债合计 | | |
| 可供出售金融资产 | | | 非流动负债： | | |
| 持有至到期投资 | | | 长期借款 | | |
| 长期应收款 | | | 应付债券 | | |
| 长期股权投资 | | | 其中：优先股 | | |
| 投资性房地产 | | | 永续债 | | |
| 固定资产 | | | 长期应付款 | | |
| 在建工程 | | | 预计负债 | | |
| 生产性生物资产 | | | 递延收益 | | |
| 油气资产 | | | 递延所得税负债 | | |
| 无形资产 | | | 其他非流动负债 | | |
| 开发支出 | | | 非流动负债合计 | | |
| 商誉 | | | 负债合计 | | |
| 长期待摊费用 | | | 所有者权益（或股东权益）： | | |
| 递延所得税资产 | | | 实收资本（或股本） | | |
| 其他非流动资产 | | | 其他权益工具 | | |
| 非流动资产合计 | | | 其中：优先股 | | |
| | | | 永续债 | | |
| | | | 资本公积 | | |
| | | | 减：库存股 | | |
| | | | 其他综合收益 | | |
| | | | 专项储备 | | |
| | | | 盈余公积 | | |
| | | | 未分配利润 | | |
| | | | 所有者权益（或股东权益）合计 | | |
| 资产总计 | | | 负债和所有者权益（或股东权益）总计 | | |

**图 2-2　适用于未执行新金融准则、新收入准则和新租赁准则的资产负债表**

（2）报告式资产负债表

报告式资产负债表又称垂直式资产负债表，其资产、负债和所有者权益项目自上而下依次排列，所有资产类项目按一定顺序列示在报表最上方，其次列示负债，最下方列示所有者权益。

由于报告式资产负债表在实务中并不常见，因此也没有严格的、统一的格式。如图 2-3 所示为简单的报告式资产负债表样式，仅供参考。

**资产负债表**

编制单位： 年 月 日 单位：元

| | |
|---|---|
| 资产 | |
| 流动资产 | ××× |
| 长期投资 | ××× |
| 固定资产 | ××× |
| 无形资产 | ××× |
| …… | |
| 其他资产 | ××× |
| 资产合计 | ××× |
| 权益 | ××× |
| 负债 | |
| 流动负债 | ××× |
| 长期负债 | ××× |
| …… | |
| 其他负债 | ××× |
| 负债合计 | ××× |
| 所有者权益 | |
| 实收资本 | ××× |
| 资本公积 | ××× |
| 盈余公积 | ××× |
| 未分配利润 | ××× |
| 所有者权益合计 | ××× |
| 权益合计 | ××× |

**资产负债表**

编制单位： 年 月 日 单位：元

| | |
|---|---|
| 资产 | |
| 流动资产 | ××× |
| 长期投资 | ××× |
| 固定资产 | ××× |
| 无形资产 | ××× |
| …… | |
| 其他资产 | ××× |
| 资产合计 | ××× |
| 减：负债 | |
| 流动负债 | ××× |
| 长期负债 | ××× |
| …… | |
| 其他负债 | ××× |
| 负债合计 | ××× |
| 所有者权益 | |
| 实收资本 | ××× |
| 资本公积 | ××× |
| 盈余公积 | ××× |
| 未分配利润 | ××× |
| 所有者权益合计 | ××× |

**图 2-3 报告式资产负债表**

# 2.2 资产负债表的编制与填列

在认识了什么是资产负债表，以及资产负债表的内容和结构以后，我们就可以进入资产负债表的编制与填列的学习了。在编制资产负债表之前，会计人员必须要审核会计账簿记录无误，这样才能保证在编制资产负债表并填列相关项目时不出错。下面先从编制方法开始学习。

## 2.2.1 了解资产负债表的编制方法

资产负债表的编制方法主要包括五点内容，具体如下：

（1）根据总账科目余额直接填列

在资产负债表中，大部分项目的填列都是根据有关总账账户的余额直接填列，不会涉及复杂的计算。例如，“应收票据”项目根据“应收票据”总账科目的余额直接填列；“短期借款”项目根据“短期借款”总账科目的期末余额直接填列。

除此以外，“交易性金融资产”“应付票据”“应付职工薪酬”“应交税费”“实收资本”“资本公积”和“盈余公积”等项目，也都分别根据自身的总账账户的余额直接填列。

（2）根据总账科目余额计算填列

在资产负债表中，有一些项目的填列需要根据两个或两个以上总账科目的余额计算填列，会涉及简单的加总计算。例如，“货币资金”项目应根据“库存现金”“银行存款”和“其他货币资金”科目的期末余额合计数计算填列。

**｜范例解析｜ 计算填列“货币资金”项目**

已知某公司2020年编制财报之前，“库存现金”科目的总额折合人民币8 573 983.62元，“银行存款”科目的总额折合人民币194 587 542 144.10元，“其他货币资金”科目的总额折合人民币634 607 242.16元。那么，在编制资产负债表时，“货币资金”项目就要根据以下计算结果进行填列：

“货币资金”项目=8 573 983.62+194 587 542 144.10+634 607 242.16

=195 230 723 369.88（元）

所以，该公司2020年财报中资产负债表的“货币资金”项目“年末余额”栏应填列195 230 723 369.88这一数据。

（3）根据明细科目余额计算填列

资产负债表中，有一些项目在使用过程中会涉及明细核算，所以在填列时要根据相应科目所属的明细科目余额计算填列，计算工作会相对复杂一些。例如，“应收账款”项目，应根据“应收账款”和“预收账款”两个科目所属的有关明细科目的期末借方余额扣除计提的坏账准备后计算填列；“应付账款”项目，应根据“应付账款”和“预付账款”两个科目所属的有关明细科目的期末贷方余额计算填列。

### ┃范例解析┃ 计算填列“应收账款”项目

某公司2021年6月末准备编制半年度资产负债表，其中，“应收账款”项目的总账科目为借方余额2 456 387.64元；“预收账款”科目的明细科目借方余额为354 231.58元，贷方余额为446 548.32元；应收账款计提了坏账准备共122 819.38元。那么，在编制资产负债表时，“应收账款”项目就需要根据以下计算结果进行填列。

“应收账款”项目=2 456 387.64+354 231.58−122 819.38=2 687 799.84（元）

所以，该公司2021年的半年报中，资产负债表的“应收账款”项目“期末余额”栏应填列2 687 799.84这一数据。

（4）根据总账科目和明细科目余额分析计算填列

资产负债表中，有些项目需要在分析自身的总账科目以及所属明细科目的余额后，计算填列。涉及的分析和计算过程也比较复杂，且容易出错。例如，“长期借款”项目，应根据“长期借款”总账科目期末余额，扣除“长期借款”科目所属明细科目中反映的、将在一年内到期的长期借款部分，分析计算填列。

除此以外，还有应付债券、应付利息等项目，也要按照这一编制方法进行数据填列。

### ┃范例解析┃ 计算填列“长期借款”项目

2021年6月末，某公司账面上的“长期借款”总账科目的贷方余额为176 983 531 152.14元，通过长期借款账龄分析得知，共有44 946 748 062.22

元的长期借款需要在一年内到期偿还。假设不存在其他在一年内到期的长期负债，那么，在编制资产负债表时，其中的“长期借款”项目就需要根据以下计算结果进行填列：

“长期借款”项目=176 983 531 152.14−44 946 748 062.22

=132 036 783 089.92（元）

所以，该公司2021年6月末的资产负债表中的“长期借款”项目的“期末余额”栏应填列132 036 783 089.92这一数据。

到这里，可能会有人问，那些将在一年内到期的并需要偿还的长期借款又记到哪里去了呢？这时就需要借助“一年到期的非流动负债”项目来进行记录。换句话说，将在一年内到期的长期借款，以及将在一年内到期的应付债券、租赁负债和应付利息等，全部合计计入“一年到期的非流动负债”项目中进行列示。

（5）根据科目余额减去其备抵项目后的净额填列

资产负债表中，还有一些项目，需要根据自身账户余额减去其备抵科目金额后的净额填列，也会涉及稍微复杂的计算。例如，“存货”项目，应根据“存货”科目的期末余额，减去“存货跌价准备”这一备抵科目的余额后的净额填列；“固定资产”项目，应根据“固定资产”科目的期末余额，减去“固定资产减值准备”和“累计折旧”这两个备抵科目的余额后的净额填列。

除此以外，无形资产、长期股权投资等项目，也要按照这种编制方法进行数据填列。

**| 范例解析 | 计算填列“固定资产”项目**

某公司2020年账面上“固定资产”科目的借方余额为17 083 511 869.96元，“累计折旧”科目的贷方余额为4 506 169 127.79元，当年没有计提固定资产减值准备。那么，在编制资产负债表时，其中的“固定资产”项目就需要根据以下计算结果进行填列：

“固定资产”项目=17 083 511 869.96−4 506 169 127.79

=12 577 342 742.17（元）

所以，该公司2020年年报中，资产负债表的“固定资产”项目的“年末余额”栏应填列12 577 342 742.17这一数据。

在资产负债表的编制工作中，还有一些项目的填列需要综合运用上述编制方法分析填列，如原材料、委托加工物资、周转材料、材料采购、在途物资、发出商品和材料成本差异等总账科目，要分析期末余额的汇总额，这里暂不做详细介绍。

另外还需要说明的是，企业财会人员在编制资产负债表时，“年初数”或“期初数”栏内的各项目数字，应根据上年末或上期末资产负债表“年末数”或“期末数”栏内的各项目数字填列；而“年末数”或“期末数”栏内各项目的数字就按照前述五种方法进行计算填列。

但是，如果企业当年度资产负债表规定的各个项目的名称和内容与上年度不一致，则财会人员需要按照编报当年的口径对上年年末资产负债表各项目的名称和数字进行调整，再填入当年度资产负债表的“年初数”栏内。通俗地讲，当年度或当期资产负债表的“年初数”或“期初数”栏就是将上年度末或上一期末资产负债表的“年末数”或“期末数”誊抄下来。

### 2.2.2 清楚资产负债表各项目的填列规则

在上一小节的内容中，我们只是学习了资产负债表的一些编制方法，本小节将针对资产负债表中的一些主要项目进行填列规则的介绍。

由于当期或当年的资产负债表中，只有“期末数”或“年末数”栏需要分析计算填列，“期初数”或“年初数”基本上只需要誊抄即可，因此下面介绍的就是资产负债表各项目的“期末余额”栏的填列规则。

（1）“期末余额”栏根据总账科目的余额填列的项目

交易性金融资产、递延所得税资产、短期借款、交易性金融负债、应付票据、应付职工薪酬、应交税费、应付股利、其他应付款、应付债券、专项应付款、预计负债、递延所得税负债、实收资本（或股本）、资本公积、库存股以及盈余公积等项目，均根据各自的总账科目的余额填列在对应的“期末余额”栏内。

这类项目的填列有直接的数据来源，不需要计算，这里不再举例。

（2）“期末余额”栏根据总账科目余额的合计数填列

“货币资金”项目需要根据“库存现金”“银行存款”和“其他货币资金”这三个总账科目的余额相加填列。可简单总结为以下计算公式：

货币资金=库存现金+银行存款+其他货币资金

“其他流动资产”项目，应根据有关科目的期末余额分析填列。实务中可用以下方式简单确定：

其他流动资产=除可以单独列示出来的流动资产项目外的其他流动资产

**| 范例解析 |　公司“其他流动资产”项目的填列**

某公司资产负债表中“其他流动资产”项目2020年12月31日和2019年12月31日的数据，如图2-4所示。

| | | | 单位：元 |
|---|---|---|---|
| 其他流动资产 | 10 | 22,662,676,635.96 | 20,732,622,761.28 |

图 2-4　“其他流动资产”项目的年末数据

上图中，22 662 676 635.96是该公司2020年末的其他流动资产数据，20 732 622 761.28是2019年末的其他流动资产数据。那么这些数据是怎么计算得来的呢？从图2-5所示的内容中即可了解。

其他流动资产

本集团的其他流动资产主要为合同取得成本和待抵扣增值税。

单位：元

| 项目 | 2020 年 12 月 31 日 | 2019 年 12 月 31 日 |
|---|---|---|
| 合同取得成本 | 6,307,455,093.06 | 4,714,197,471.61 |
| 待抵扣增值税 | 16,352,912,192.77 | 16,006,735,023.02 |
| 其他 | 2,309,350.13 | 11,690,266.65 |
| 合计 | 22,662,676,635.96 | 20,732,622,761.28 |

图 2-5 其他流动资产的计算填列

从上图中的数据可以知道，该公司其他流动资产项目主要根据合同取得成本和待抵扣增值税的金额填列。换句话说，该公司的其他流动资产主要是指合同取得成本和待抵扣增值税。

“其他流动负债”项目，应根据有关科目的期末余额分析填列。实务中也可用以下方式简单确定：

其他流动负债=除可以单独列示出来的流动负债项目外的其他流动负债

## | 范例解析 | 公司“其他流动负债”项目的填列

某公司资产负债表中“其他流动负债”项目2020年12月31日和2019年12月31日的数据，如图2-6所示。

单位：元

| | | | |
|---|---|---|---|
| 其他流动负债 | 31 | 53,986,260,461.07 | 47,854,227,137.67 |

图 2-6 “其他流动负债”项目的年末数据

上图中，53 986 260 461.07是该公司2020年末的其他流动负债数据，47 854 227 137.67是2019年末的其他流动负债数据。同理，通过如图2-7所示的内容也可知道数据是如何填列而来的。

其他流动负债

单位：元

| 项目 | 2020 年 12 月 31 日 | 2019 年 12 月 31 日 |
|---|---|---|
| 待转销项税 | 53,986,260,461.07 | 47,354,227,137.67 |
| 短期融资券 | — | 500,000,000.00 |
| 合计 | 53,986,260,461.07 | 47,854,227,137.67 |

图 2-7 其他流动负债的计算填列

从上图中的数据可以知道，该公司其他流动负债项目主要根据待转销项税和短期融资券的金额填列。换句话说，该公司的其他流动负债主要是指待转销项税和短期融资券。

（3）“期末余额”栏根据明细账科目余额计算填列

“开发支出”项目，应根据“研发支出”科目中所属的“资本化支出”明细科目的期末余额填列。相关计算方式如下：

开发支出=“研发支出”科目中的资本化支出合计数

### | 范例解析 | “开发支出”项目的填列

某公司2021年6月末，财会人员查看各账户账面情况，已知“研发支出”总账科目的余额为1 254 300.00元，其中，明细账中“资本化支出”共有1 210 000.00元。那么，编制资产负债表时，“开发支出”项目需要根据如下计算结果填列。

“开发支出”项目=1 210 000.00（元）

上述案例中，“研发支出”总账科目下的“费用化支出”科目的金额将填列到利润表中的“研发费用”项目中去，即44 300.00元（1 254 300.00−1 210 000.00）会归集到该公司利润表中的“研发费用”中。

“应收账款”项目，应根据“应收账款”和“预收账款”两个科目所属的相关明细科目的期末借方余额合计数填列。计算公式如下：

应收账款=应收账款（借）+预收账款（借）−应计提的应收账款的坏账准备

“预收账款”项目，应根据“预收账款”和“应收账款”科目所属各明细科目的期末贷方余额合计数填列。计算公式如下：

预收账款=预收账款（贷）+应收账款（贷）

### | 范例解析 | “预收账款”项目的填列

某公司2021年6月末，财会人员准备编制半年报，预收账款的账面情况为借方余额374 251.58元，贷方余额为426 848.32元；应收账款贷方余额为911 784 279.47元。编制资产负债表时，“预收账款”项目需要根据以下计算结果填列。

“预收账款”项目=426 848.32+911 784 279.47=912 211 127.79（元）

所以，该公司2021年6月末编制的资产负债表中的“预收账款”项目的“期末数”栏内应填列912 211 127.79这一数据。

“应付账款”项目，应根据“应付账款”和“预付账款”两个科目所属的相关明细科目的期末贷方余额合计数填列。计算公式如下：

应付账款=应付账款（贷）+预付账款（贷）

“预付账款”项目，应根据“预付账款”和“应付账款”科目所属各明细科目的期末借方余额合计数填列。计算公式如下：

预付账款=预付账款（借）+应付账款（借）

“一年内到期的非流动资产”和“一年内到期的非流动负债”项目，应根据有关非流动资产或负债项目的明细科目余额分析填列。计算公式分别如下：

一年内到期的非流动资产=一年内到期的持有至到期投资+一年内到期的待摊费用+一年内可收回的长期应收款+一年内……

一年内到期的非流动负债=一年内到期的长期借款+一年内到期的应付债券+一年内到期的租赁负债+一年内到期的应付利息+一年内到期的……

### | 范例解析 | 公司“一年内到期的非流动负债”项目的填列

某公司资产负债表中，“一年内到期的非流动负债”项目2020年12月31日和2019年12月31日的数据，分别为60 461 863 986.86元和80 646 217 975.53元，如图2–8所示。

| | | | 单位：元 |
|---|---|---|---|
| 一年内到期的非流动负债 | 30 | 60,461,863,986.86 | 80,646,217,975.53 |

图 2-8 “一年内到期的非流动负债”项目的年末数据

通过该公司财务报表中列示的“一年内到期的非流动负债”项目明细，就可以知道该项目包括的内容，如图2-9所示。

一年内到期的非流动负债

一年内到期的非流动负债分类：

单位：元

| 项目 | 附注 | 2020 年 12 月 31 日 | 2019 年 12 月 31 日 |
|---|---|---|---|
| 一年内到期的长期借款 | 五、32 | 44,946,748,062.22 | 66,099,821,598.89 |
| 一年内到期的应付债券 | 五、33 | 12,927,830,700.16 | 11,980,493,242.71 |
| 一年内到期的租赁负债 | 五、17 | 1,584,256,953.55 | 1,425,644,124.83 |
| 一年内到期的应付利息 | | 1,003,028,270.93 | 1,140,259,009.10 |
| 合计 | | 60,461,863,986.86 | 80,646,217,975.53 |

图 2-9 一年内到期的非流动负债的计算填列

从上图可以看出，该公司的“一年内到期的非流动负债”项目主要根据一年内到期的长期借款、一年内到期的应付债券、一年内到期的租赁负债和一年内到期的应付利息相加得来。换句话说，公司的一年内到期的非流动负债包括四个项目。

“未分配利润”项目，应根据“利润分配”科目中所属的“未分配利润”明细科目的期末余额填列。计算公式如下：

未分配利润=年初未分配利润+本年净利润-本年提取的法定盈余公积-本年提取的任意盈余公积-本年分配的普通股股利

## ｜范例解析｜ 公司“未分配利润”项目的填列

某公司资产负债表中，“未分配利润”项目2020年12月31日和2019年12月31日的数据，如图2-10所示。

| | | | 单位：元 |
|---|---|---|---|
| 未分配利润 | 40 | 98,416,772,021.20 | 95,352,036,928.77 |

图 2-10 “未分配利润”项目的年末数据

上图中，98 416 772 021.20是2020年12月31日的数据，95 352 036 928.77

是2019年12月31日的数据。通过图2-11所示的内容，可以清楚地知道该公司的“未分配利润”项目是如何计算填列的。

未分配利润

单位：元

| 项目 | 金额 |
|---|---|
| 年初未分配利润 | 95,352,036,928.77 |
| 加：本年归属于母公司股东的净利润 | 41,515,544,941.31 |
| 减：提取法定盈余公积 | - |
| 提取任意盈余公积 | 26,640,070,412.83 |
| 分配普通股股利 | 11,810,739,436.05 |
| 年末未分配利润 | 98,416,772,021.20 |

图 2-11　未分配利润的计算填列

由上图可知，公司当年的未分配利润，通过上年末未分配利润加上本年净利润，再减去本年提取的法定盈余公积和任意盈余公积以及分配的普通股股利等得来。

（4）“期末余额”栏根据总账和明细账科目余额分析计算填列

“长期借款”项目，应根据“长期借款”总账科目余额扣除“长期借款”科目所属的明细科目中将在资产负债表日起一年内到期且企业不能自主地将清偿义务展期的长期借款后的金额计算填列。公式如下：

长期借款=长期借款总额-一年内到期的长期借款

“应付债券”项目，应根据“应付债券”总账科目余额扣除将在一年内（含一年）支付的应付债券的数额后的金额填列。计算公式如下：

应付债券=应付债券总额-一年内到期的应付债券

“应付利息”项目，应根据“应付利息”总账科目余额扣除将在一年内支付的应付利息的数额后的金额填列。计算公式如下：

应付利息=应付利息总额-一年内到期需偿还的应付利息

“长期待摊费用”项目，应根据“长期待摊费用”科目的期末余额减去将在一年内（含一年）摊销的数额后的金额填列。计算公式如下：

长期待摊费用=长期待摊费用总额-一年内需要摊销的费用

## | 范例解析 | 公司“长期待摊费用”项目的填列

某公司资产负债表中，“长期待摊费用”项目2020年12月31日和2019年12月31日的数据，如图2-12所示。

| | | | 单位：元 |
|---|---|---|---|
| 长期待摊费用 | 20 | 8,947,760,570.31 | 7,235,202,389.07 |

图 2-12 “长期待摊费用”项目的年末数据

上图中的8 947 760 570.31是2020年12月31的数据，7 235 202 389.07是2019年12月31日的数据。通过图2-13所示的内容，就可以知道长期待摊费用项目的计算填列规则。

长期待摊费用

| | 2019 年 12 月 31 日 | 本年增加 | 本年摊销额 | 2020 年 12 月 31 日 |
|---|---|---|---|---|
| 长期待摊费用 | 7,235,202,389.07 | 3,609,381,213.30 | 1,896,823,032.06 | 8,947,760,570.31 |

图 2-13 长期待摊费用的计算填列

从上图可以知道，公司当年的长期待摊费用是由上一年末长期待摊费用余额，加上本年增加的长期待摊费用，减去将在一年内需要摊销的费用后的金额确定。这里“将在一年内需要摊销的费用”就是本年摊销额。

“其他非流动资产”项目，应根据有关科目的期末余额减去将在一年内（含一年）到期偿还数后的金额填列。

其他非流动资产=除资产负债表中列示的非流动资产项目外的其他非流动资产之和

（5）“期末余额”栏根据有关科目余额减去其备抵科目余额填列

如“可供出售金融资产”“持有至到期投资”“长期股权投资”“在建工程”和“其他应收款”等项目，应根据相关科目的期末余额填列，已经计提了减值准备的，还应扣除相应的减值准备。相关计算公式如下：

可供出售金融资产=可供出售金融资产总额-可供出售金融资产减值准备

持有至到期投资=持有至到期投资总额-持有至到期投资减值准备

长期股权投资=长期股权投资总额-长期股权投资减值准备

在建工程=在建工程总额-在建工程减值准备

其他应收款=其他应收款总额-应计提其他应收款的坏账准备

## | 范例解析 | 公司“长期股权投资”项目的填列

某公司资产负债表中，“长期股权投资”项目2020年12月31日和2019年12月31日的数据，如图2–14所示。

| | | | 单位：元 |
|---|---|---|---|
| 长期股权投资 | 13 | 141,895,190,255.76 | 130,475,768,323.53 |

图 2–14 “长期股权投资”项目的年末数据

上图中141 895 190 255.76是2020年12月31日的数据，130 475 768 323.53是2019年12月31日的数据。通过图2–15所示的内容，可以知道长期股权投资项目的计算填列规则。

长期股权投资本年变动情况分析如下：

单位：元

| 被投资单位 | 2020 年 12 月 31 日 | | |
|---|---|---|---|
| | 联营企业 | 合营企业 | 合计 |
| 年初余额 | 73,367,565,802.59 | 57,108,202,520.94 | 130,475,768,323.53 |
| 本年变动 | | | |
| - 追加投资 | 3,871,568,241.76 | 10,524,992,452.38 | 14,396,560,694.14 |
| - 减少投资 | (1,674,792,129.15) | (3,392,089,988.13) | (5,066,882,117.28) |
| - 权益法下确认的投资收益和其他变动 | 2,792,787,451.05 | 6,946,868,753.17 | 9,739,656,204.22 |
| - 权益法下确认的其他综合收益及权益变动 | 303,572,408.92 | — | 303,572,408.92 |
| - 宣告发放现金股利或利润 | (2,410,378,051.10) | (4,302,360,500.39) | (6,712,738,551.49) |
| - 合并抵消 | (385,028,312.53) | (855,718,393.75) | (1,240,746,706.28) |
| 年末余额 | 75,865,295,411.54 | 66,029,894,844.22 | 141,895,190,255.76 |
| 减值准备年末余额 | — | — | — |

图 2–15 长期股权投资的计算填列

从上图可以看到公司的长期股权投资项目的计算过程，在得出年末余额后，减去当年计提的长期股权投资减值准备，得到的金额就是资产负债表中“长期股权投资”项目所需填列的数字。如这里没有减值准备，就直接将年末余额141 895 190 255.76这一数据填入2020年12月31日的“长期股权投资”项目栏中。

如“固定资产”“无形资产”“投资性房地产”“生产性生物资产”“油气资产”等项目，应根据相关科目的期末余额扣减相应的累计折旧、累计摊销或折耗等填列，已经计提了减值准备的，还应扣减相应的减值准备。如果这些资产采用公允价值计量，应根据相关科目的期末余额填列。相关计算公式如下：

固定资产=固定资产总额-固定资产的累计折旧-固定资产减值准备

无形资产=无形资产总额-无形资产的累计摊销-无形资产减值准备

投资性房地产=投资性房地产总额-投资性房地产的累计折旧-投资性房地产减值准备

生产性生物资产=生产性生物资产总额-生产性生物资产累计折旧-生产性生物资产减值准备

油气资产=油气资产总额-油气资产的累计折耗-油气资产的“固定资产减值准备”

**｜范例解析｜ 公司“无形资产”项目的填列**

某公司资产负债表中，“无形资产”项目2020年12月31日和2019年12月31日的数据，如图2-16所示。

| | | | 单位：元 |
|---|---|---|---|
| 无形资产 | 18 | 6,087,781,315.58 | 5,269,647,193.30 |

图2-16 “无形资产”项目的年末数据

上图中，6 087 781 315.58是2020年12月31日的数据，5 269 647 193.30是2019年12月31日的数据。通过图2-17所示的内容，可以看出该公司无形资产的计算填列规则。

无形资产

单位：元

| | 土地使用权 | 特许经营权 | 其他 | 合计 |
|---|---|---|---|---|
| 账面原值 | | | | |
| 年初余额 | 5,090,522,591.95 | 676,537,570.38 | 739,842,424.01 | 6,506,902,586.34 |
| 本年增加 | 716,141,189.37 | — | 384,332,538.65 | 1,100,473,728.02 |
| 本年减少 | — | — | (2,369,093.00) | (2,369,093.00) |
| 合并范围变化 | 66,316,158.71 | — | 2,038,973.28 | 68,355,131.99 |
| 汇兑调整 | (35,104,400.00) | — | (496,620.67) | (35,601,020.67) |
| 年末余额 | 5,837,875,540.03 | 676,537,570.38 | 1,123,348,222.27 | 7,637,761,332.68 |
| 累计摊销 | | | | |
| 年初余额 | 415,539,113.17 | 442,013,004.78 | 379,703,275.09 | 1,237,255,393.04 |
| 本年增加 | 136,538,486.86 | 67,106,424.88 | 109,375,499.33 | 313,020,411.07 |
| 本年减少 | — | — | (920,569.80) | (920,569.80) |
| 合并范围变化 | 939,071.18 | — | 677,000.62 | 1,616,071.80 |
| 汇兑调整 | (885,064.57) | — | (106,224.44) | (991,289.01) |
| 年末余额 | 552,131,606.64 | 509,119,429.66 | 488,728,980.80 | 1,549,980,017.10 |
| 账面价值 | | | | |
| 年末账面价值 | 5,285,743,933.39 | 167,418,140.72 | 634,619,241.47 | 6,087,781,315.58 |
| 年初账面价值 | 4,674,983,478.78 | 234,524,565.60 | 360,139,148.92 | 5,269,647,193.30 |

图 2-17 无形资产的计算填列

上图中，从“合计”栏看，该公司无形资产2020年的年末余额为7 637 761 332.68元，当年末累计摊销共1 549 980 017.10元，没有计提减值准备，所以最终需要填入资产负债表“无形资产”项目2020年12月31日的数据为6 087 781 315.58（7 637 761 332.68−1 549 980 017.10）。这里无形资产的账面原值“年末余额”就相当于计算公式中的“无形资产总额”，而累计摊销的年末余额就相当于计算公式中的“无形资产的累计摊销”。

如“长期应收款”项目，应根据“长期应收款”科目的期末余额减去相应的“未实现融资收益”科目和“坏账准备”科目所属相关明细科目期末余额后的金额填列。计算公式如下：

长期应收款=长期应收款总额-未实现融资收益-应计提长期应收款的坏账准备

## | 范例解析 | “长期应收款”项目的填列

某公司2021年6月末，准备编制资产负债表时，财会人员查到“长期应收款”科目借方余额为5 357 231.00万元，“未实现融资收益”科目贷方余额为124 316.00万元。公司没有计提长期应收款坏账准备，那么，在编制资产负债表时，“长期应收款”项目就需要根据以下计算结果填列：

“长期应收款”项目=5 357 231.00−124 316.00=5 232 915.00（万元）

所以，该公司2021年6月末编制的资产负债表中，“长期应收款”项目的“期末数”栏内应填列5 232 915.00这一数据，报表单位为万元。

如“长期应付款”项目，应根据“长期应付款”科目的期末余额减去相应的“未确认融资费用”科目期末余额后的金额填列。计算公式如下：

长期应付款=长期应付款总额−未确认融资费用

（6）“期末余额”栏综合运用上述填列方法分析填列

“存货”项目，应根据“材料采购”“原材料”“发出商品”“库存商品”“周转材料”“委托加工物资”“生产成本”和“受托代销商品”等科目期末余额合计，减去“受托代销商品款”和“存货跌价准备”科目期末余额后的金额填列。计算公式如下：

存货=（材料采购+原材料+发出商品+库存商品+周转材料+委托加工物资+生产成本+委托代销商品等）的余额−受托代销商品款−存货跌价准备

如果是材料采用计划成本核算，或者库存商品采用计划成本核算或销售的企业，还应按加或减材料成本差异、商品进销差价后的金额填列。

## | 范例解析 | 公司“存货”项目的填列

某公司资产负债表中，“存货”项目2020年12月31日和2019年12月31日的数据，如图2−18所示。

单位：元

| | | | |
|---|---|---|---|
| 存货 | 7 | 1,002,063,008,153.13 | 897,019,035,609.52 |

图2−18 “存货”项目的年末数据

上图中，1 002 063 008 153.13是2020年12月31日的存货数据，相应的，897 019 035 609.52是2019年12月31日的存货数据。通过图2−19所示的内容，可以知道该公司存货项目的计算填列规则。

存货

存货分类

单位：元

| | 2020 年 12 月 31 日 | | |
|---|---|---|---|
| | 账面余额 | 跌价准备 | 账面价值 |
| 已完工开发产品 | 74,224,762,091.81 | 180,397,547.85 | 74,044,364,543.96 |
| 在建开发产品 | 728,271,057,820.75 | 3,259,359,444.18 | 725,011,698,376.57 |
| 拟开发产品 | 202,497,543,831.89 | 744,775,875.22 | 201,752,767,956.67 |
| 其他 | 1,254,177,275.93 | — | 1,254,177,275.93 |
| 合计 | 1,006,247,541,020.38 | 4,184,532,867.25 | 1,002,063,008,153.13 |

图 2-19 存货项目的计算填列

从上图可以看出，该公司存货项目根据已完工开发产品、在建开发产品、拟开发产品和其他项目相加而来。且除了其他项目，另外三个项目都计提了跌价准备。这里的“账面余额”合计数1 006 247 541 020.38，相当于计算公式中的“（材料采购+原材料+发出商品+库存商品+周转材料+委托加工物资+生产成本+委托代销商品等）的余额”这一部分，而“跌价准备”合计数4 184 532 867.25，相当于计算公式中的“存货跌价准备”，由于该公司没有发生受托代销商品款。因此，资产负债表中“存货”项目的2020年12月31日栏应填入的数据为1 002 063 008 153.13（1 006 247 541 020.38−4 184 532 867.25）。

上例是资产负债表中常见项目的计算填列规则，不同的企业大致上是相同的，但因为经营范围不同，所以在计算过程中会有差异。各公司按照正确的方法，结合自身经营情况如实填列。

### 2.2.3 编制资产负债表容易犯的错误

企业的资产负债表以及其他财务报表的编制都是人为操作的，就算是电算化会计工作状态下，财务报表也需要财会人员通过设置相应的参数，从系统中提取相应的数据而生成。因此，编制报表的过程中难免会出错。认识容易犯的错误，可有效降低包括资产负债表在内的各种财务报表的错误率。那么，具体有哪些常犯的错误呢?

◆ 资产负债表表头部分的编制日期填错

资产负债表表头部分的编制日期一般指截止日期，如月度资产负债表，编制日期填 ×× 年 × 月31日或30日，或28日，或29日；季度资产负债表，编制日期填 ×× 年3月31日或6月30日，或9月31日，或12月31日；半年度资产负债表，填制日期填 ×× 年6月30日；年度资产负债表，编制日期填 ×× 年12月31日。

◆ "货币资金"项目的填列范围不正确

在填列"货币资金"项目时，容易忽视其他货币资金，从而导致"货币资金"项目填列的数据不正确。货币资金要包括其他货币资金，且要将其他货币资金与银行存款区分开来。

◆ 库存现金的范围确定不正确

有时，企业的"库存现金"科目核算的并不是企业所有库存的现金，对于企业用款频繁的部门保有的备用金可能需要按照"其他应收款"科目进行核算与管理。如果库存现金的范围确定不正确，则"货币资金"项目的填列就会出错。

◆ 银行存款的金额确定错误

如果企业经营过程中存在银行存款未达账项，而在编制报表前没有通过编制银行存款余额调节表来检查未达账项，则在确定银行存款的实际余额时就会出错，相应地就会导致编制的资产负债表中"货币资金"项目数据错误。

◆ 应收账款和预收账款项目直接按其账户期末余额填列

在编制报表时，如果"应收账款"和"预收账款"项目都直接按照各自账户的期末余额填列，数据就会出错。具体的填列规则参考本章2.2.2节的内容。

◆ “存货”项目直接以其历史成本填列

如果编制报表时，“存货”项目在资产负债表日没有按照市价重估，而直接以其历史成本填列，则报表数据就会发生错误。注意，编制资产负债表时，要以已经进行减值测试后的存货的账面价值列示到“存货”项目中，而对于已经计提的存货跌价准备，要列示于资产减值准备明细表中。

◆ 企业合并形成的长期股权投资项目没有区分控制情况

简单来说，就是企业合并形成的长期股权投资没有区分是同一控制下的还是非同一控制，因为同一控制下的和非同一控制下的长期股权投资处理不相同，所以如果没有区分，资产负债表中的“长期股权投资”项目就可能填列错误。

◆ “长期股权投资”项目的后续计量出错

编制报表时，“长期股权投资”项目对被投资方盈利和分配现金股利的情况没有区分权益法和成本法核算，从而导致长期股权投资的后续计量出错，项目的填列产生错误。

◆ 没有明确投资性房地产的计量模式

在编制资产负债表时，没有明确“投资性房地产”项目的计量模式，而直接在报表中列示和披露数据信息。因为投资性房地产的计量模式分为成本模式和公允价值模式，两种计量模式的会计处理是不一样的，所以，如果不明确计量模式，就会导致该项目填列错误。

◆ 固定资产和无形资产按其账户期末余额直接填列

“固定资产”和“无形资产”两个项目如果按照其账户期末余额直接填列，就很可能因为忽略了累计折旧或累计摊销，以及各自计提的减值准备，而使得数据出错。因为“固定资产”和“无形资产”这两个项目的填列需要考虑累计折旧、累计摊销和减值准备，具体的填列规则参考本章 2.2.1 和 2.2.2 节的内容。

◆ 自行开发的无形资产没有区分研究阶段和开发阶段的费用

有些财会人员在编制资产负债表时，针对企业自行开发的无形资产，没有区分研究阶段和开发阶段发生的费用，而是直接将所有费用资本化处理，作为企业无形资产列报。要知道，研究阶段发生的所有费用均费用化处理，不计入无形资产入账价值，如果不区分，就会使“无形资产”项目的填列出错。

◆ 其他计提了减值准备的报表项目填列时没有扣除减值金额

除了固定资产和无形资产，其他一些资产也可能涉及计提减值准备，而最终填列到资产负债表中的数据，应该是这些资产在减去各自计提的减值准备后的金额。换句话说，如果扣除减值金额，资产负债表中相关资产的填列就会发生错误。

◆ 没有分析填列可能存在的商誉

原来的会计准则规定无形资产包括商誉，而新会计准则将商誉从无形资产中划分出来单独列示。如果编制资产负债表时不对可能存在的商誉进行分析填列，则报表数据就可能出错。

◆ 应付账款和预付账款项目直接按其账户期末余额填列

在编制报表时，如果“应付账款”和“预付账款”项目都直接按照各自账户的期末余额填列，数据就会出错。具体的填列规则参考本章 2.2.2 节的内容。

◆ 没有分析填列“一年内到期的非流动负债”项目

企业经营过程中，难免会存在一些非流动负债，而其中某一些到期偿还期限在一年以内，这些非流动负债本应该单独列示到资产负债表的“一年内到期的非流动负债”项目中。如果没有分析填列一年内到期的非流动负债，可能影响应付债券、长期借款、流动负债合计与非流动负债合计等项目，报表中的负债类项目的填报就会接连出错。

◆ “预计负债”项目不正确

由于一些企业财会人员可能不清楚预计负债确认需要满足的三个条件，因此容易在填列资产负债表中的“预计负债”项目时出错；或者在新会计准则的规定下，不了解准则对预计负债、或有负债和或有资产等在报表中列示与披露的相关要求，从而导致填报错误。

**知识延伸 | 确认为“预计负债”需满足的三个条件**

预计负债是因为或有事项而可能产生的负债。根据或有事项准则的规定，与或有事项相关的义务同时符合以下3个条件，才将其确认为预计负债：①该义务是企业承担的现时义务；②该业务的履行很可能导致经济利益流出企业，且“很可能”指发生的可能性大于50%，但小于或等于95%；③该义务的金额能可靠地计量。

◆ 递延所得税负债填列错误

有些财会人员因为工作经验受限，在核算企业的递延所得税负债时出错，如没有考虑企业所得税变动对递延所得税计量的影响，甚至有些人不知道要核算递延所得税负债，从而造成“递延所得税负债”项目的填列出错。

同理，“递延所得税资产”项目也容易填列错误，原因与递延所得税负债填列错误类似，此处不再赘述。

◆ “资本公积”项目填列错误

由于新会计准则的实施，有些财会人员没有及时了解清楚“资本公积”项目包含的内容与核算方法的变化，导致该项目填报错误。注意，根据新会计准则规定，“资本公积”项目的内容有了简化，主要核算资本溢价和其他资本公积；同时，“资本公积——其他资本公积”明细科目下核算的内容与公允价值计量的运用有密切关系，一旦疏忽，便会使“资本公积”项目填报出错。

◆ “库存股”项目填列错误

在新会计准则下，“库存股”项目需要单独列示在资产负债表的所有者权益类项目中，并作为对“资本公积”项目的抵减。并且，我国不允许企业回购股票用于再发行，所以“库存股”项目下核算的两个主要内容就是回购股票进行减资和对员工进行股份激励。如果财会人员不懂或不了解这些规定与处理方法，就会使“库存股”项目填报错误，进而影响企业所有者权益的相关数据。

## 2.3 资产负债表的阅读与审计

学习了编制资产负债表的相关内容，那么作为资产负债表的使用者，在运用资产负债表时又有哪些需要注意的问题呢？本节主要从阅读和审计的角度了解资产负债表的运用。

### 2.3.1 抓住要点轻松掌握资产负债表数据

在使用资产负债表时抓住要点，可快速且轻松地了解企业的财务状况，提高报表运用效率。

（1）从全局观察目标

从全局观察目标是指查看正在阅读的是企业合并报表还是个别报表，报表的编制日期是什么时候，从而一开始就明确当前报表反映的是企业哪一个时间点的财务状况，然后结合季节性和淡旺季规律，进一步分析报表数据的合理性。

（2）明确资产负债表中某些项目与其他财务报表的联系

比如，资产负债表中“货币资金”项目里包含的“库存现金”“银行存款”“其他货币资金”等现金及现金等价物就对应企业现金流量表，现金流量表是对现金及现金等价物变化过程的体现，也是对资产中现金及现金等价物的补充说明。

资产负债表中的“未分配利润”项目的填列，需要借助利润表中净利润和利润分配表中的相关数据。

资产负债表中所有者权益类项目的由来通过所有者权益变动表体现，在所有者权益变动表中，清晰地展示了企业所有者权益各个项目的增减变动情况和结构组成情况。

（3）浏览资产负债表主要内容

资产负债表的主要内容包括资产、负债和所有者权益的总额及其内部各项目的构成和增减变化情况。浏览这些内容，就可以初步了解企业经营规模；通过比较所有者权益的增长幅度与资产总额的增长幅度的关系，就可以了解企业的资金实力，比如所有者权益增长幅度明显高于资产总额的增长幅度，就说明企业资金实力在提高。

（4）对重要项目进行分析

对重要项目进行分析时，重点放在期初与期末数据变化较大，或者出现大额红字的项目上。这些重点项目包括流动资产、流动负债、固定资产、短期借款、长期借款、应付票据、应收账款、货币资金和一些所有者权益类项目。

比如，企业应收账款占总资产的比重过高，说明该企业的资金被占用情况较严重，从而进一步分析企业的市场竞争能力是否在减弱，或者是否受到经济环境的严重影响。

又如，流动负债较多，就可以进一步查看哪些项目是造成流动负债多的主要因素，如果是短期借款多造成的，此时就会使企业提高警惕，以防无法偿还短期借款给企业信用造成损失。如果是应付账款较多造成的，此时也会引起企业的警惕，去查看应付账款的具体情况。

（5）计算一些基本的财务指标值

通过财务指标可以了解企业的偿债能力、盈利能力、营运能力和发展能力，所以在阅读资产负债表时，可以对一些基本的财务指标进行计算，从而初步判断企业的经营状况，了解各方面能力的强弱或者变化。这些基本财务指标如资产负债率、股东权益比率、应收账款周转率、固定资产周转率等。

## 2.3.2 熟知资产负债表的审计要点

为什么在资产负债表的运用中，要熟知其审计要点呢？因为报表一旦被审计人员发现问题，企业就将面临行政处罚和罚款，造成不必要的经济损失。提前了解审计要点就可以有效规避报表错误，从而避免遭受处罚和经济损失，下面从两方面进行介绍：

（1）资产负债表的常规审计要点

资产负债表的常规审计主要是审查资产负债表填列的内容是否完整，表内数字计算是否正确，该平衡的地方是否平衡，有关项目填列是否准确等。

**查填列内容的完整性。**检查编制日期是否漏填，表内应填列的项目是否填列齐全，报表是否有相关人员签章，签章是否齐全等。

**查表内相关数字的准确性。**复核表内小计数、合计数等是否正确，表内左右两侧的总计数是否平衡。

**查表内综合项目的填列是否准确。**对于根据各有关总账账户的期末余额直接填列的项目，应与各有关总账账户的期末余额进行核对；对于需要根据汇总抵消或分析才能填列的项目，应与各有关总账账户余额相加或相抵消的数额进行核对；对于需要根据明细账户期末余额或其合计数填列的项目，应与各有关明细账户期末余额及其合计数进行核对。另外还要核对“年初数”栏内的数字是否与上年资产负债表的“年末数”栏内的数字相符。

（2）资金使用合理性的审计要点

通过资产负债表审查资金使用合理性，主要借助一些财务指标来计算分析。因此，资金使用合理性的审计要点就是一些重要的财务指标。

◆ 资产负债率的计算分析

资产负债率是指企业负债总额与资产总额的比值，反映负债总额在全部资产中的占比情况，进而反映被审计单位对债权人权益的保障程度，从而衡量被审计单位的偿债能力。通常认为资产负债率在 50% 左右为宜，如果超过 100%，则表明被审计单位已经资不抵债，很可能面临破产危机。

对于债权人来说，这个比例越低越好，越低说明被审计单位用于偿债的资产越多，偿债能力越强，债权人权益的安全性更高，但对于投资者来说并不是越低越好，因为此时投资者投入的资金使用效率过低，会错失很多获取投资收益的机会。但并不是说投资者希望该比例过高，因为比例越高就表明公司的负债越高，偿债能力越弱，公司后期发展不乐观，也会影响投资者的利益。

◆ 产权比率的分析计算

产权比率是被审计单位的负债总额与所有者权益（或股东权益）总额的比值，反映被审计单位的财务结构好坏，以及债权人的资本受到所有者权益的保障程度。产权比率越高，说明被审计单位总资本中负债资本较高，偿债能力较弱；反之，偿债能力较强。

◆ 流动比率的分析计算

流动比率又可称为营运资金比率，是指被审计单位的全部流动资产与全部流动负债的比值，反映了被审计单位的流动资产在短期债务到期前可以变现用于偿还流动负债的能力。流动比率越高，说明企业的短期偿债能力和变现能力越强；反之，短期偿债能力和变现能力越弱。

但要注意，流动比率如果过高，则表明企业的流动资产占用较多，资金的利用效率降低，会损失一部分再投资收益，也可能表明企业存在库存商品积压或产成品滞销的问题，需要企业采用相应的改善措施。

◆ 速动比率的计算分析

速动比率是指被审计单位的速冻资产与流动负债的比值，反映被审计单位的短期清算能力，该比率是流动比率的补充。什么是速动资产呢？它是指流动资产中最具有流动性的那部分资产，通常指扣除了存货后的各项流动资产的总和。

速动比率越高，说明被审计单位清算能力越强，短期偿债能力也越强；反之，清算能力越弱，短期偿债能力也越弱。与流动比率不同的是，因为速动资产只包括货币资金、银行存款和应收账款等流动性强的资产，不包括变现能力较弱的存货，所以只要速动比率高，就表明企业有足够的资金偿还短期债务。

除此以外，资产负债表的审计要点中，还要注重对有实物形态的资产的审核。对于这些资产，不仅要检查其账面数据的合理性，还要通过实地考察的方法，审核资产是否账实相符，以期及时发现未入账的固定资产，或者是该报废而仍然在计提折旧的固定资产，以及发现可能被盗或遭受霉烂变质的原材料等，然后及时做出清理，提高企业的资产利用效率。

### 2.3.3 生活中的资产负债表

资产负债表能反映企业的经营状况，同理，也能反映家庭或个人的经济状况。家庭或个人通过编制简单的资产负债表，就可以一目了然地掌握自家或自己的资金状态。下面通过一个案例来看看家庭资产负债表的编制。

**| 范例解析 | 编制家庭资产负债表**

张先生和他的妻子都是工薪族，两人刚结婚不久。已知家庭目前有现金共1.80万元，活期存款2.00万元，定期存款12.50万元，两人共投资货币基金0.50万元，对外还有需要收回的借款1.00万元，另外还投资了银行理财产品共0.20万元，购买指数基金0.30万元，股票投资1.00万元，自有住房价值132.00万元，一辆小汽车当前市价为11.50万元。家里的负债主要包括信用卡还款大概1.50万元，剩余未还房贷共84.07万元，没有汽车贷款。

根据以上家庭财务状况，编制的家庭资产负债表，见表2-1。

**表 2-1　家庭资产负债表**

单位：元

| 资产项目 | | 期初 | 负债及净资产项目 | | 期初 |
|---|---|---|---|---|---|
| 流动资产 | 现金 | 18 000.00 | 流动负债 | 信用卡 | 15 000.00 |
| | 活期存款 | 20 000.00 | | 应付款项 | 0.00 |
| | 定期存款 | 125 000.00 | | 短期贷款 | 0.00 |
| | 货币基金 | 5 000.00 | | 其他 | 0.00 |
| | 应收账款 | 10 000.00 | | – | – |
| | 其他 | 0.00 | | – | – |
| | **合计** | **178 000.00** | | **合计** | **15 000.00** |
| 金融资产 | 银行理财 | 2 000.00 | 长期负债 | 房产贷款 | 840 700.00 |
| | 基金 | 3 000.00 | | 汽车贷款 | 0.00 |
| | 股票 | 10 000.00 | | 创业贷款 | 0.00 |
| | 其他投资 | 0.00 | | 其他贷款 | 0.00 |
| | **合计** | **15 000.00** | | **合计** | **840 700.00** |
| 实物资产 | 自主房产 | 1 320 000.00 | 投资负债 | 投资房贷 | 0.00 |
| | 汽车 | 115 000.00 | | 实业贷款 | 0.00 |
| | 其他 | 0.00 | | 其他 | 0.00 |
| | **合计** | **1 435 000.00** | | **合计** | **0.00** |
| 其他资产 | 无形资产 | 0.00 | 其他负债 | 预收账款 | 0.00 |
| | 遗产 | 0.00 | | **合计** | 0.00 |
| | **合计** | 0.00 | **总负债合计** | | **855 700.00** |
| **总资产合计** | | **1 628 000.00** | **净资产合计** | | **772 300.00** |

由该案例可知，家庭资产负债表主要包括资产、负债和净资产三大部分，而资产主要从流动资产、金融资产、实物资产和其他资产来归类列示；负债则从流动负债、长期负债、投资负债和其他负债来归类列示；最后将总资产与总负债之差记录为家庭的净资产。

可以看出，家庭资产负债表的内容与企业资产负债表的内容有明显的不同，归类没有那么严格；而且格式上也有明显的区别，企业资产负债表的最后一行左侧列示资产总计数，右侧列示负债及所有者权益总计数，而家庭资产负债表最后不再将负债总额和净资产总额进行汇总。

另外，由于企业拥有投资者投入的本金（即资产负债表中记录的实收资本），因此企业的负债有可能趋近于企业的资产，此时企业可能面临资不抵债的危机，但不可能存在负债大于资产总额的情况。而家庭资产负债表就不同，家庭的负债有可能大于家庭的总资产，此时家庭的净资产合计就为负数，表明家庭负债过多，偿还负债的压力巨大，可能影响家庭的正常生活。

资产负债表在工作和生活中运用比较多，合理使用资产负债表，能给企业、家庭或个人提供及时的财务状况信息，便于合理、科学地调整经营决策或消费计划。

# 第3章

## 查看利润表知晓公司盈亏

利润表是四大报表之一，它主要反映企业的经营成果。通过利润表不仅可以了解企业的盈亏情况，还可以知道企业的收入、利得、费用、损失等情况。利润表比较全面地概括了企业经营过程中与损益相关的项目。所以，要知晓公司是盈利还是亏损，首选利润表进行查看。

# 3.1 利润表的内容及结构

与学习资产负债表一样，要学习利润表，我们应先从其结构和内容开始。利润表的编制和列示更具有逻辑性，项目之间存在着简单的加与减的运算。本节先从整体角度认识利润表。

## 3.1.1 利润表的三大“块”

利润表的三大“块”是指收入、费用和利润，这也是编制利润表的三要素。但需要明确的是，在实际编制利润表时，还会加上利得和损失。下面就来学习收入、费用和利润。

（1）收入

在本书第1章1.2.4节的内容中已经介绍过收入的概念，这里不再赘述。不同的分类依据下，企业收入的类型不同。

◆ 按照利润表的列示规则进行分类

按照利润表的列示规则，收入分为主营业务收入和其他业务收入，简要说明见表3-1。

表3-1 按照利润表列示规则分类

| 类　型 | 简要说明 |
| --- | --- |
| 主营业务收入 | 主营业务收入指由企业的主营业务带来的收入 |
| 其他业务收入 | 其他业务收入指企业除主营业务活动外的其他经营活动实现的收入 |

在利润表中，还有一个项目名叫“营业外收入”，该项目实际上不归类为企业的收入，而是将其作为企业的利得。

另外，利润表中收入和利得类项目还有“利息收入”“投资收益”“公允价值变动收益”和“资产处置收益”等。

◆ 按照收入性质的不同进行分类

按照收入性质，企业收入可分为销售商品收入、提供劳务收入和让渡资产使用权收入等，简要说明见表 3–2。

**表 3–2 按照收入性质分类**

| 类　型 | 简要说明 |
|---|---|
| 销售商品收入 | 指企业通过销售商品获取的收入，如工业企业制造并销售产品实现的收入、商业企业销售商品实现的收入等 |
| 提供劳务收入 | 指企业提供劳务取得的收入，如从事建筑安装、修理修配、交通运输、咨询经纪和教育培训等劳务服务活动取得的收入 |
| 让渡资产使用权收入 | 指企业通过让渡资产使用权实现的收入，如使用费收入、出租资产收取的租金、进行债权投资取得的利息以及进行股权投资取得的现金股利收入等 |

（2）费用

这里的费用主要包括两大类：一是生产费用，二是期间费用。简要说明见表 3–3。

**表 3–3 费用的分类**

| 类　型 | 简要说明 |
|---|---|
| 生产费用 | 是一定时期内企业生产经营活动所耗费的物化劳动和人力劳动的综合，简单来说就是与企业日常生产经营活动有关的费用。按照生产费用的经济用途，可以划分为直接材料、直接人工和制造费用，但不包括来料加工所耗用订货者的原材料价值和未经加工转售的原材料与燃料的价值 |
| 期间费用 | 指企业当期发生的、不能直接或间接归入产品生产成本，而应直接计入当期损益的各项费用，常见如管理费用、销售费用和财务费用 |

需要强调的是，生产费用应按照其实际发生情况计入产品的生产成本，对于生产几种产品共同发生的生产费用，应按照受益原则，采用适当的方

法和程序分配计入相关产品的生产成本。

在利润表中，费用和损失类项目主要是“营业成本”“税金及附加”“销售费用”“管理费用”“研发费用”“财务费用”“信用减值损失”“资产减值损失”“营业外支出”和“所得税费用”等。

（3）利润

利润是指企业经营实现的收入扣除各种成本费用和税金后的余额。理论上来说，如果企业实现了利润，表明企业的所有者权益将增加，业绩得到了提升。

利润主要包括两大部分：一是收入减去费用后的净额；二是直接计入当期损益的利得和损失。其中，收入减去费用后的净额反映企业日常活动的经营业绩，而直接计入当期损益的利得和损失则反映企业非日常活动的业绩。

在利润表中，有不同的利润项目，主要是“营业利润”“利润总额”和“净利润”，它们的区别见表 3-4。

**表 3-4 利润表中的利润项目**

| 项目 | 简要说明 |
|---|---|
| 营业利润 | 指企业在其全部日常经营活动中实现的利润，包括主营业务利润和其他业务利润 |
| 利润总额 | 是企业在一定时期内通过生产经营活动实现的最终财务成果，包括营业利润和营业外净收支两部分 |
| 净利润 | 是企业当期利润总额减去所得税费用后的金额，也称税后利润 |

## 3.1.2 常见利润表的结构

当前国际上常用的利润表格式有单步式和多步式两种，但在我国比较常见的是多步式利润表，并且按照财政部公布的相关政策可知，多步式利润表也会因为是否已执行新收入准则、新金融准则和新租赁准则而有两种表格样式，如图3-1和图3-2所示。

**利润表**

会企02表

编制单位：　　　　　　　　年　　月　　　　　　　　单位：元

| 项目 | 本期金额 | 上期金额 |
|---|---|---|
| 一、营业收入 | | |
| 减：营业成本 | | |
| 税金及附加 | | |
| 销售费用 | | |
| 管理费用 | | |
| 研发费用 | | |
| 财务费用 | | |
| 其中：利息费用 | | |
| 利息收入 | | |
| 加：其他收益 | | |
| 投资收益（损失以“-”号填列） | | |
| 其中：对联营企业和合营企业的投资收益 | | |
| 以摊余成本计量的金融资产终止确认收益（损失以“-”填列） | | |
| 净敞口套期收益（损失以“-”号填列） | | |
| 公允价值变动收益（损失以“-”号填列） | | |
| 信用减值损失（损失以“-”号填列） | | |
| 资产减值损失（损失以“-”号填列） | | |
| 资产处置收益（损失以“-”号填列） | | |
| 二、营业利润（亏损以“-”号填列） | | |
| 加：营业外收入 | | |
| 减：营业外支出 | | |
| 三、利润总额（亏损总额以“-”号填列） | | |
| 减：所得税费用 | | |
| 四、净利润（净亏损以“-”号填列） | | |
| （一）持续经营净利润（净亏损以“-”号填列） | | |
| （二）终止经营净利润（净亏损以“-”号填列） | | |
| 五、其他综合收益的税后净额 | | |
| （一）不能重分类进损益的其他综合收益 | | |
| 1.重新计量设定受益计划变动额 | | |
| 2.权益法下不能转损益的其他综合收益 | | |
| 3.其他权益工具投资公允价值变动 | | |
| 4.企业自身信用风险公允价值变动 | | |
| …… | | |
| （二）将重分类进损益的其他综合收益 | | |
| 1.权益法下可转损益的其他综合收益 | | |
| 2.其他债权投资公允价值变动 | | |
| 3.金融资产重分类计入其他综合收益的金额 | | |
| 4.其他债权投资信用减值准备 | | |
| 5.现金流量套期储备 | | |
| 6.外币财务报表折算差额 | | |
| …… | | |
| 六、综合收益总额 | | |
| 七、每股收益： | | |
| （一）基本每股收益 | | |
| （二）稀释每股收益 | | |

图3-1　适用于已执行新金融准则、新收入准则和新租赁准则

**利润表**

会企 02 表

编制单位：　　　　　　　　　　　　　　年　　月　　　　　　　　　　　　　　单位：元

| 项目 | 本期金额 | 上期金额 |
| --- | --- | --- |
| 一、营业收入 | | |
| 减：营业成本 | | |
| 税金及附加 | | |
| 销售费用 | | |
| 管理费用 | | |
| 研发费用 | | |
| 财务费用 | | |
| 其中：利息费用 | | |
| 利息收入 | | |
| 加：其他收益 | | |
| 投资收益（损失以“-”号填列） | | |
| 其中：对联营企业和合营企业的投资收益 | | |
| 公允价值变动收益（损失以“-”号填列） | | |
| 资产减值损失（损失以“-”号填列） | | |
| 资产处置收益（损失以“-”号填列） | | |
| 二、营业利润（亏损以“-”号填列） | | |
| 加：营业外收入 | | |
| 减：营业外支出 | | |
| 三、利润总额（亏损总额以“-”号填列） | | |
| 减：所得税费用 | | |
| 四、净利润（净亏损以“-”号填列） | | |
| （一）持续经营净利润（净亏损以“-”号填列） | | |
| （二）终止经营净利润（净亏损以“-”号填列） | | |
| 五、其他综合收益的税后净额 | | |
| （一）不能重分类进损益的其他综合收益 | | |
| 1. 重新计量设定受益计划变动额 | | |
| 2. 权益法下不能转损益的其他综合收益 | | |
| …… | | |
| （二）将重分类进损益的其他综合收益 | | |
| 1. 权益法下可转损益的其他综合收益 | | |
| 2. 可供出售金融资产公允价值变动损益 | | |
| 3. 持有至到期投资重分类为可供出售金融资产损益 | | |
| 4. 现金流量套期损益的有效部分 | | |
| 5. 外币财务报表折算差额 | | |
| …… | | |
| 六、综合收益总额 | | |
| 七、每股收益： | | |
| （一）基本每股收益 | | |
| （二）稀释每股收益 | | |

图 3-2　适用于未执行新金融准则、新收入准则和新租赁准则

从多步式利润表的结构来看，它是通过将各种利润分多步计算求得净利润的方式编制而成的，它展示了企业净利润的动态形成过程，便于报表使用者对企业的经营情况和盈利能力进行比较分析。单步式利润表的结构如图 3-3 所示。

**利润表**

编制单位：　　　　年　月　日　　　　单位：元

| 项目 | 行次 | 本月数 | 本年累计数 |
|---|---|---|---|
| 一、收入 | | | |
| 主营业务收入 | | | |
| 其他业务收入 | | | |
| 投资收益 | | | |
| 营业外收入 | | | |
| …… | | | |
| 收入合计 | | | |
| 二、费用 | | | |
| 主营业务成本 | | | |
| 其他业务成本 | | | |
| 税金及附加 | | | |
| 销售费用 | | | |
| 管理费用 | | | |
| 财务费用 | | | |
| 营业外支出 | | | |
| 所得税费用 | | | |
| …… | | | |
| 费用合计 | | | |
| 三、净利润 | | | |

图 3-3　单步式利润表

从上图可以看到，单步式利润表是先将当期各种收入相加计算出收入总额，然后将当期所有费用相加得出费用总额，最后一次性计算当期净利润。单步式利润表提供的信息都是原始数据，便于报表使用者理解，但是因为这种格式比较简单，所以缺少利润构成情况的详细资料，不利于企业不同时期利润表的纵向比较分析以及行业之间利润表的横向比较分析。

# 3.2　利润表的编制与填列

利润表的数据体现了企业的经营成果，编制时一定不能马虎，否则容易给报表使用者造成误导，进而做出不正确的经营决策。那么，利润表如何编制？其中的项目又该怎么填列呢？

## 3.2.1　认识不同格式利润表的编制步骤

由于不同结构的利润表，其繁简程度不同，因此编制的步骤也会不同。

下面就分别对单步式利润表和多步式利润表的编制步骤进行介绍。

（1）单步式利润表的编制步骤

在编制单步式利润表时，具体的步骤可简单概括为如图 3-4 所示的四步。

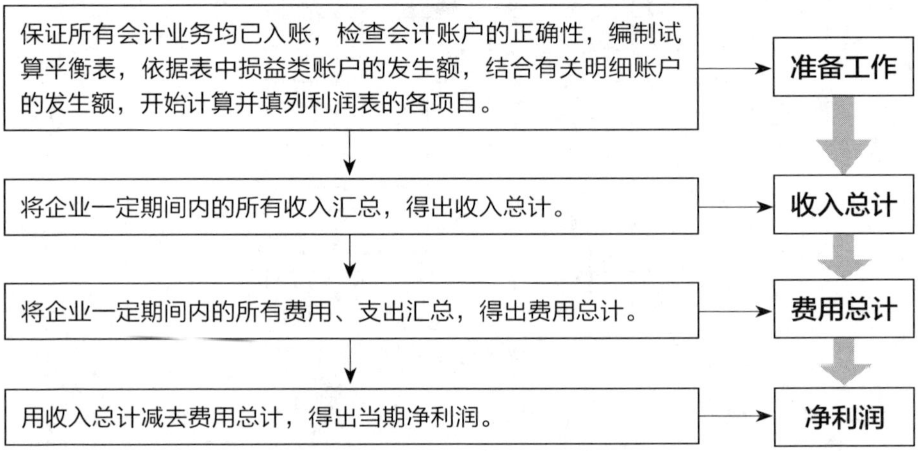


图 3-4　单步式利润表的编制步骤

单步式利润表比较简明，编制时对一切收入、费用、支出等一视同仁，不分先后，可以避免使人误认为收入与费用的配比有先后顺序。

但是，编制单步式利润表，一些有意义的中间性信息，如营业利润、利润总额等均未直接反映，不利于利润表的纵横向比较，所以，在我国，单步式利润表的使用不常见。

（2）多步式利润表的编制步骤

与单步式利润表相比，多步式利润表对收入、费用和支出项目等做了归类，列示了一些中间性的利润指标，分步反映当期净利润的计算过程，可提供比单步式利润表更丰富的信息，且有助于不同企业或同一企业不同时期相应利润表项目的比较分析。

但是，多步式利润表比较难理解，且容易使人产生收入与费用的配比有先后顺序的误解，对收入、费用和开支项目的归类、分步等带有主观性。

多步式利润表的内容有很多项分类，编制时从销售总额开始，即前面展示的利润表中所示的“营业收入”。具体编制步骤如图 3-5 所示。

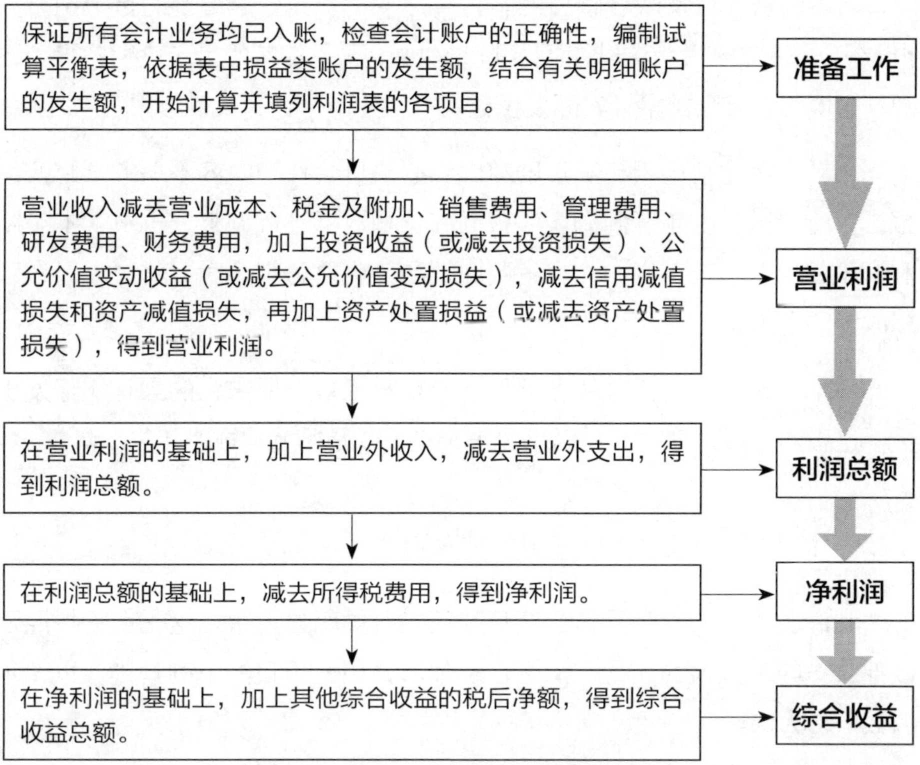


图 3-5　多步式利润表的编制步骤

注意，有的公司在编制利润表时，到上图所示的最后一步还没有结束，还需要根据综合收益总额计算填列每股收益，包括基本每股收益和稀释每股收益。

另外，有的企业为了更好地反映企业主营业务的获利能力，会在“营业收入→营业利润”这一步进行细分，先用主营业务收入减去主营业务成本和税金及附加，计算出主营业务利润，再加上其他业务利润，形成营业利润。而主营业务利润就可以用来考核企业主营业务的获利能力。

虽然单步式利润表和多步式利润表在编制步骤上有较大差异，但无论是单步式利润表，还是多步式利润表，每个项目都要分为“本月数”和“本年累计数”两栏分别填列。

“本月数”栏反映各项目的本月实际发生数，如果编制的是中期财务报表，则该栏填列上年同期累计实际发生数；如果编制的是年度财务报表，则该栏填列上年全年累计实际发生数。

如果上年度利润表与本年度利润表的项目名称和内容不一致，则按编报当年的口径对上年度利润表项目的名称和数字进行调整，再填入本年度利润表的“上年数”栏内。在编制中期和年度财务报表时，将“本月数”栏改为“上年数”栏。

“本年累计数”栏反映各项目从年初起至报告期末止的累计实际发生数。这里的“报告期末”可以是月末，也可以是季度末或半年末、年末。

### 3.2.2 清楚利润表各项目的填列规则

利润表项目的归类没有资产负债表的归类明显，所以这里我们按照财政部公布的利润表的结构，从上往下依次介绍各项目的填列规则，以“本月数”栏为例。

**①营业收入。**营业收入包括主营业务收入和其他业务收入，涉及计算公式如下：

“营业收入”项目=主营业务收入+其他业务收入

**|范例解析| 统计填列“营业收入”项目**

2021年12月末，某公司会计人员统计出当月主营业务收入共83.54万元，其他业务收入共4.44万元。那么，编制利润表时，“营业收入”项目需要根据以下计算结果填列：

“营业收入”项目=835 400.00+44 400.00=879 800.00（元）

所以，该公司2021年12月末利润表中的“营业收入”项目的“本月数”栏内应填列879 800.00这一数据。该项目的“本年累计数”栏内应用12月的879 800.00元加上前11个月的营业收入，得到12个月的总营业收入额。

**②营业成本。**营业成本包括主营业务成本和其他业务成本，涉及计算公式如下：

“营业成本”项目=主营业务成本+其他业务成本

这里可以进一步核算主营业务利润和其他业务利润，计算公式如下：

主营业务利润=主营业务收入-主营业务成本-主营业务对应的税金及附加

其他业务利润=其他业务收入-其他业务成本-其他业务对应的税金及附加

由此就可以分别考核企业的主营业务绩效和其他业务绩效。

**③税金及附加。**税金及附加反映的是企业经营主要业务应负担的消费税、城市维护建设税、城镇土地使用税、资源税和教育费附加等税费。填报此项目时要注意，增值税不计入税金及附加。

## | 范例解析 | 公司“税金及附加”项目的填列

某公司2020年末编制的年度利润表中，“税金及附加”项目2020年和2019年的数据，如图3-6所示。

| | | | 单位：元 |
|---|---|---|---|
| 税金及附加 | 42 | 27,236,909,916.23 | 32,905,223,898.57 |

图 3-6 “税金及附加”项目的年度数据

上图中，27 236 909 916.23是2020年的数据，32 905 223 898.57是2019年的数据。通过图3-7所示的内容，可以知道“税金及附加”项目的填列规则。

| 税金及附加 | | |
|---|---|---|
| | | 单位：元 |
| | 2020年 | 2019年 |
| 土地增值税 | 24,089,747,077.11 | 29,587,414,731.75 |
| 城市维护建设税 | 1,195,710,972.26 | 1,373,450,999.09 |
| 教育费附加 | 873,223,940.14 | 1,012,958,924.91 |
| 房产税 | 478,494,319.74 | 437,050,762.90 |
| 营业税* | 41,577,686.45 | 47,080,085.07 |
| 其他 | 558,155,920.53 | 447,268,394.85 |
| 合计 | 27,236,909,916.23 | 32,905,223,898.57 |

* 于确认商品销售收入时，结转营改增前已预缴的营业税。

图 3-7 税金及附加的计算填列

从上图可以看出，该公司的“税金及附加”项目由土地增值税、城市维护建设税、教育费附加、房产税、营业税和其他税费等计算填列。所以，填入利润表“税金及附加”项目2020年的数据为2020年的合计数，即27 236 909 916.23，填入2019年的数据为2019年的合计数32 905 223 898.57。

针对该案例需要特别说明的是，营改增后取消了营业税，而该公司列示的营业税是结转营改增前已预缴的营业税，实际工作中已经没有营业税了。

**④销售费用。**销售费用是企业销售商品和材料、提供劳务的过程中发生的各种费用，如保险费、包装费、广告费、业务宣传费和业务招待费等。实际填报利润表时，根据账簿记录统计出最终的发生额合计数，且通常为借方余额，直接以正数填入利润表，可利用下列公式进行简单计算：

“销售费用”项目=“销售费用”科目借方余额

## | 范例解析 | 公司“销售费用”项目的填列

某公司2020年末利润表中，“销售费用”项目2020年和2019年的数据，如图3-8所示。

| | | | 单位：元 |
|---|---|---|---|
| 销售费用 | 43 | 10,636,899,699.87 | 9,044,496,840.07 |

图 3-8 “销售费用”项目的年度数据

上图中，10 636 899 699.87是2020年的数据，9 044 496 840.07是2019年

的数据。再通过图3-9所示的内容，就可以知道该公司“销售费用”项目的计算填列规则。

| 销售费用 | | |
|---|---|---|
| | | 单位：元 |
| | 2020 年 | 2019 年 |
| 品牌宣传推广费用* | 3,309,793,867.38 | 3,426,829,609.44 |
| 销售代理费用及佣金 | 4,019,774,565.66 | 3,001,351,657.74 |
| 其他 | 3,307,331,266.83 | 2,616,315,572.89 |
| 合计 | 10,636,899,699.87 | 9,044,496,840.07 |

图 3-9 销售费用的计算填列

从上图可知，该公司的“销售费用”项目由品牌宣传推广费用、销售代理费用及佣金和其他归类到销售费用的费用计算填列。所以，填入利润表“销售费用”项目2020年的数据为2020年合计数10 636 899 699.87，填入2019年的数据为2019年的合计数9 044 496 840.07。

管理费用的处理与销售费用相似，这里不再单独介绍。

⑤**研发费用。**在本书第 2 章的 2.2.2 节内容中介绍开发支出时已经提及过研发费用，它是企业所有研发支出中做费用化处理的那部分研发支出。填列利润表时，同样根据账簿记录统计出最终的发生额合计数，且通常为借方余额，直接以正数填入利润表，可利用下列公式进行简单计算：

“研发费用”项目=研发支出中的费用化支出

## |范例解析| “研发费用”项目的填列

某公司2021年6月末，财会人员查看各账户账面情况，已知“研发支出”总账科目当月发生额为884 300.00元，该科目的明细账中“资本化支出”共612 000.00元，其余为费用化支出。那么，编制利润表时，“研发费用”项目需要根据以下计算结果填列：

“研发费用”项目=884 300.00−612 000.00=272 300.00（元）

所以，上述案例中，该公司利润表的“研发费用”项目的“本月数”栏内应填列 272 300.00 这一数据。

⑥**财务费用。**财务费用是指企业为了筹集生产经营所需资金而发生的

费用，主要项目包括利息净支出（即利息费用减去利息收入后的差额）、汇兑净损失（即汇兑损失减去汇兑收益的差额）、金融机构手续费以及筹集生产经营资金发生的其他费用。在利润表中填列“财务费用”项目时需要填列明细项目，包括利息费用和利息收入。

这里要注意，无论是利息费用还是利息收入，在填列到利润表中时均以正数填列。根据账簿记录统计出财务费用的发生额合计数，其余额通常也为借方余额，直接以正数填入利润表，可利用下列公式进行简单计算：

“财务费用”项目=“财务费用”科目借方余额

## | 范例解析 |　公司“财务费用”项目的填列

某公司2020年末利润表中，“财务费用”项目2020年和2019年的数据，如图3-10所示。

| | | | 单位：元 |
|---|---|---|---|
| 财务费用 | 45 | 5,145,102,736.17 | 5,735,941,711.58 |
| 其中：利息费用 | 45 | 8,757,579,925.42 | 9,255,269,023.67 |
| 利息收入 | 45 | 4,680,643,358.10 | 3,530,404,983.55 |

图 3-10　“财务费用”项目的年度数据

上图中，5 145 102 736.17、8 757 579 925.42和4 680 643 358.10是2020年的数据，5 735 941 711.58、9 255 269 023.67和3 530 404 983.55是2019年的数据。再通过图3-11所示的内容，就可以知道该公司“财务费用”项目的计算填列规则。

财务费用

单位：元

| | 2020年 | 2019年 |
|---|---|---|
| 贷款、债券及应付款项的利息支出 | 15,835,663,839.21 | 13,962,772,815.07 |
| 租赁负债的利息支出 | 985,635,384.39 | 986,298,611.57 |
| 减：资本化利息 | 8,063,719,298.18 | 5,693,802,402.97 |
| 净利息支出 | 8,757,579,925.42 | 9,255,269,023.67 |
| 减：利息收入 | 4,680,643,358.10 | 3,530,404,983.55 |
| 利息收支净额 | 4,076,936,567.32 | 5,724,864,040.12 |
| 汇兑损失 / (收益) | 663,865,470.65 | (326,186,651.29) |
| 其他 | 404,300,698.20 | 337,264,322.75 |
| 合计 | 5,145,102,736.17 | 5,735,941,711.58 |

图 3-11　财务费用的计算填列

从上图中可以看到，该公司财务费用包括利息净支出、汇兑净损失以及其他财务费用。通过总的利息支出减去资本化的利息支出，得到净利息支出；再减去利息收入，得到利息收支净额；最后加上汇兑净损失（或减去汇总净收益）和其他需要归类到财务费用的支出，分别得到2020年和2019年总的财务费用数据5 145 102 736.17和5 735 941 711.58。

图3-10中“净利息支出”栏的数据8 757 579 925.42和9 255 269 023.67就分别填入利润表的“利息费用”项目对应的栏次，“利息收入”栏的数据4 680 643 358.10和3 530 404 983.55就分别填入利润表的“利息收入”项目对应的栏次。

⑦**投资收益。**投资收益是企业或个人对外投资所得的收入，如果投资发生损失，则利润表中填列负数，如企业对外投资取得的股利收入、债券利息收入以及与其他单位联营分得的利润等。根据账簿记录统计出最终的“投资收益”科目的发生额合计数和余额，如果为贷方余额，则直接以正数填入利润表；如果为借方余额，要以负数填报，可用下列公式简单计算：

“投资收益”项目=“投资收益”科目贷方余额（或-“投资收益”科目借方余额）

工作中，投资收益的归类和核算可能会比较复杂，下面就通过一个案例来看看公司利润表中“投资收益”项目数据的由来。

### | 范例解析 | 公司“投资收益”项目的填列

某公司2020年末利润表中，“投资收益”项目2020年和2019年的数据，如图3-12所示。

| | | | 单位：元 |
|---|---|---|---|
| 加：投资收益 | 46 | 13,511,869,972.98 | 4,984,126,780.28 |
| 其中：对联营企业和合营企业的投资收益 | 46 | 9,739,656,204.22 | 3,790,598,202.87 |

**图 3-12 “投资收益”项目的年度数据**

上图中，13 511 869 972.98和9 739 656 204.22是2020年的数据，2019年的数据有4 984 126 780.28和3 790 598 202.87。再通过图3-13所示的内容，

可以知道该公司“投资收益”项目的计算填列规则。

投资收益

投资收益明细情况

单位：元

| 项目 | 2020 年 | 2019 年 |
|---|---|---|
| 权益法核算的长期股权投资收益 | 9,739,656,204.22 | 3,790,598,202.87 |
| 处置长期股权投资的收益 | 2,596,624,019.43 | 852,218,223.16 |
| 丧失控制权后剩余股权按公允价值重新计量产生的利得 | 434,880,922.91 | — |
| 处置交易性金融资产产生的投资收益 | 695,762,786.66 | 290,298,181.01 |
| 处置其他非流动金融资产产生的投资损失 | (3,879,164.98) | (11,251,638.88) |
| 其他权益工具投资的股利收入 | 16,100,797.50 | 14,068,717.50 |
| 其中：与资产负债表日仍持有的其他权益工具投资相关的股利收入 | 16,100,797.50 | 14,068,717.50 |
| 其他非流动金融资产在持有期间的投资收益 | 32,724,407.24 | 48,195,094.62 |
| 合计 | 13,511,869,972.98 | 4,984,126,780.28 |

图 3-13　投资收益的计算填列

从上图中可以看出，该公司的投资收益核算内容较多，主要有权益法核算的长期股权投资收益、处置长期股权投资的收益、丧失控制权后剩余股权按公允价值重新计量产生的利得、处置交易性金融资产产生的投资收益、处置其他非流动金融资产产生的投资损失、其他权益工具投资的股利收入以及其他非流动金融资产在持有期间的投资收益。

需要说明的是，其中的“处置其他非流动金融资产产生的投资损失”项目的数据以括号括起来，表示为负数。

所以，投资收益2020年的合计数13 511 869 972.98就填入利润表中“投资收益”项目2020年栏内，2019年的合计数4 984 126 780.28就填入利润表中“投资收益”项目2019年栏内。而对比图3-12和图3-13可知，利润表中“其中：对联营企业和合营企业的投资收益”项目的数据代表的是该公司“权益法核算的长期股权投资收益”，即2020年的9 739 656 204.22和2019年的3 790 598 202.87这两个数据。

**⑧公允价值变动收益。**利润表中的“公允价值变动收益”项目需要根据“公允价值变动损益”科目进行填列，而公允价值变动损益指以公允价值计量且其变动计入当期损益的交易性金融资产的一个科目，贷方记公允价值变动收益的增加值，借方记减少值。同样地，根据账簿记录统计出最

终的“公允价值变动损益”科目的发生额合计数和余额，如果为贷方余额，则直接以正数填入利润表的“公允价值变动收益”项目中；如果为借方余额，要以负数填报，可用下列公式简单计算：

“公允价值变动收益”项目=“公允价值变动收益”科目贷方余额（或-“公允价值变动收益”科目借方余额）

## | 范例解析 | 公司“公允价值变动收益”项目的填列

某公司2020年末利润表中，“公允价值变动收益”项目2020年和2019年的数据，如图3-14所示。

| | | | 单位：元 |
|---|---|---|---|
| 公允价值变动收益（损失以“()”填列） | 47 | 5,333,532.39 | (68,518,913.61) |

图 3-14 “公允价值变动收益”项目的年度数据

上图中，5 333 532.39为2020年的数据，-68 518 913.61为2019年的数据。再通过图3-15所示的内容，就可以知道该公司“公允价值变动收益”项目的填列规则。

公允价值变动损益

单位：元

| 项目 | 2020 年 | 2019 年 |
|---|---|---|
| 交易性金融资产 | 1,239,737.23 | 5,974,325.70 |
| 其他非流动金融资产 | 4,093,795.16 | (74,493,239.31) |
| 合计 | 5,333,532.39 | (68,518,913.61) |

图 3-15 公允价值变动收益的计算填列

从上图可知，该公司的公允价值变动损益由交易性金融资产和其他非流动金融资产的公允价值变动损益计算得来。所以，2020年合计数和2019年合计数，分别填入利润表中“公允价值变动损益”项目的2020年栏和2019年栏中。

**⑨信用减值损失。**信用减值损失指企业因应收账款的账面价值高于其可收回金额而造成的损失。该科目贷方登记实际发生的信用减值损失，借方登记转回的信用减值损失，即信用减值损失的减少数。根据账簿记录统计出最终的“信用减值损失”科目的发生额合计数和余额，由于信用减值

损失在转回时只能以应收账款的账面价值为限，因此不会出现借方余额的情况，所以统计出的贷方余额，直接以负数填入利润表，这里要尤其注意。工作中可用下列公式简单计算：

“信用减值损失”项目=-“信用减值损失”科目贷方余额

## | 范例解析 | 公司“信用减值损失”项目的填列

某公司2020年末利润表“信用减值损失”项目，2020年和2019年的数据，如图3-16所示。

| | | | 单位：元 |
|---|---|---|---|
| 信用减值损失 (损失以“( )”填列) | 49 | (224,461,716.05) | (216,850,482.95) |

图 3-16 “信用减值损失”项目的年度数据

上图中，-224 461 716.05是2020年的数据，表示贷方余额；-216 850 482.95是2019年的数据。再通过图3-17所示的内容，就可以知道该公司“信用减值损失”项目的填列规则。

| 信用减值损失 | | |
|---|---|---|
| | 2020 年 | 2019 年 |
| 应收账款 | (35,845,652.37) | (34,903,132.64) |
| 其他应收款 | (188,616,063.68) | (181,947,350.31) |
| 合计 | (224,461,716.05) | (216,850,482.95) |

图 3-17 信用减值损失的计算填列

从上图中的数据可以知道，该公司的信用减值损失由两部分组成，一是应收账款发生的信用减值损失，二是其他应收款发生的信用减值损失。通常来说，大多数企业的信用减值损失的组成部分就这两个。所以，这里2020年合计数-224 461 716.05和2019年的合计数-216 850 482.95分别填入利润表中“信用减值损失”项目的2020年栏和2019年栏内。

简单说明一下，2020年信用减值损失-224 461 716.05由-35 845 652.37加上-188 616 063.68得来，即-35 845 652.37+（-188 616 063.68）=-224 461 716.05。2019年的计算方法与此相同。

**⑩资产减值损失。**资产减值损失指企业因资产的账面价值高于其可收

回金额而造成的损失，这些资产主要指固定资产、无形资产和除特别规定外的其他资产。该科目也是贷方登记实际发生的资产减值损失，但要注意，已经发生的资产减值损失在以后的会计期间都不得转回，因此该科目通常不会有借方发生额。根据账簿记录统计出最终的“资产减值损失”科目的发生额合计数，并将贷方余额直接以负数填入利润表。工作中可用下列公式简单计算：

“资产减值损失”项目=－“资产减值损失”科目贷方余额

## | 范例解析 | 公司“资产减值损失”项目的填列

某公司2020年末利润表“资产减值损失”项目，2020年和2019年的数据，如图3–18所示。

| | | | 单位：元 |
|---|---|---|---|
| 资产减值损失 (损失以“( )”填列) | 48 | (1,980,818,041.07) | (1,648,756,785.74) |

图 3–18 “资产减值损失”项目的年度数据

上图中，−1 980 818 041.07是2020年的数据，表示贷方余额；−1 648 756 785.74是2019年的数据。再通过图3–19所示的内容，就可以知道该公司“资产减值损失”项目的填列规则。

资产减值损失

单位：元

| | 2020年 | 2019年 |
|---|---|---|
| 存货 | (1,980,818,041.07) | (1,136,673,301.75) |
| 投资性房地产 | - | (512,083,483.99) |
| 合计 | (1,980,818,041.07) | (1,648,756,785.74) |

图 3–19 资产减值损失的计算填列

从上图中的数据可以知道，该公司的资产减值损失由两部分组成，一是存货发生的减值损失，二是投资性房地产发生的减值损失。所以2020年合计数−1 980 818 041.07和2019年合计数−1 648 756 785.74分别填入利润表中“资产减值损失”项目的2020年栏和2019年栏内。

**⑪资产处置收益。**“资产处置收益”项目反映企业出售划分为持有待售的非流动资产（金融工具、长期股权投资和投资性房地产除外）或处置

组时确认的处置利得或损失，以及处置未划分为持有待售的固定资产、在建工程、生产性生物资产及无形资产而产生的处置利得或损失。在填列利润表时，该项目需要根据“资产处置损益”科目的发生额合计数，并以余额进行填列，期末余额在贷方，表现为处置收益，则直接填列正数；如果期末余额在借方，表现为处置损失，填列负数。可以借助以下公式简单计算：

“资产处置收益”项目=“资产处置损益”科目贷方余额（或-“资产处置损益”科目借方余额）

### | 范例解析 | 公司“资产处置收益”项目的填列

某公司2020年末利润表“资产处置收益”项目，2020年和2019年的数据，如图3-20所示。

| | | | 单位：元 |
|---|---|---|---|
| 资产处置收益(损失以“( )”填列) | | 48,381,265.04 | (9,665,523.59) |

图 3-20 “资产处置收益”项目的年度数据

上图中，48 381 265.04是2020年的数据，表示该公司2020年的资产处置表现为收益；（9 665 523.59）是2019年的数据，表示该公司2019年的资产处置表现为损失。

由于企业的“资产处置收益”项目根据“资产处置损益”科目计算填列，所以财会人员直接统计出各种资产的处置损益情况，并将最终的合计数填入利润表中“资产处置收益”项目的相关栏次内即可。

⑫**营业利润**。在本章的 3.1.1 节中已经初步认识了什么是营业利润，这里直接介绍利润表中“营业利润”项目的计算填列规则。它的填列需要借助以下的计算公式：

“营业利润”项目=营业收入-营业成本-税金及附加-销售费用-管理费用-研发费用-财务费用+投资收益（或-投资损失）+净敞口套期收益（或-净敞口套期损失）+公允价值变动收益（或-公允价值变动损失）-信用减值损失-资产减值损失+资产处置收益（或-资产处置损失）

"营业利润"项目可直接根据利润表中已经填列好的各种成本、费用、收入、收益和损失等计算填列。下面来看一个具体的例子。

## | 范例解析 |　公司"营业利润"项目的填列

某公司2020年末编制的利润表的部分内容，如图3-21所示。

| 编制单位：[illegible]股份有限公司 | 2020 年 | 单位：元 | 币种：人民币 |
|---|---|---|---|
| 项目 | 附注五 | 2020 年 | 2019 年 |
| 一、营业总收入 | 41 | 419,111,677,714.12 | 367,893,877,538.94 |
| 减：营业成本 | 41 | 296,540,687,975.27 | 234,550,332,806.05 |
| 税金及附加 | 42 | 27,236,909,916.23 | 32,905,223,898.57 |
| 销售费用 | 43 | 10,636,899,699.87 | 9,044,496,840.07 |
| 管理费用 | 44 | 10,288,052,823.20 | 11,018,405,286.60 |
| 研发费用 | | 665,687,472.79 | 1,066,676,028.92 |
| 财务费用 | 45 | 5,145,102,736.17 | 5,735,941,711.58 |
| 其中：利息费用 | 45 | 8,757,579,925.42 | 9,255,269,023.67 |
| 利息收入 | 45 | 4,680,643,358.10 | 3,530,404,983.55 |
| 加：投资收益 | 46 | 13,511,869,972.98 | 4,984,126,780.28 |
| 其中：对联营企业和合营企业的投资收益 | 46 | 9,739,656,204.22 | 3,790,598,202.87 |
| 公允价值变动收益 (损失以"()"填列) | 47 | 5,333,532.39 | (68,518,913.61) |
| 资产减值损失 (损失以"()"填列) | 48 | (1,980,818,041.07) | (1,648,756,785.74) |
| 信用减值损失 (损失以"()"填列) | 49 | (224,461,716.05) | (216,850,482.95) |
| 资产处置收益 (损失以"()"填列) | | 48,381,265.04 | (9,665,523.59) |
| 二、营业利润 | | 79,958,642,103.88 | 76,613,136,041.54 |

图 3-21　2020 年末利润表（部分）

以2020年为例，营业利润=419 111 677 714.12−296 540 687 975.27−27 236 909 916.23−10 636 899 699.87−10 288 052 823.20−665 687 472.79−5 145 102 736.17+13 511 869 972.98+5 333 532.39−1 980 818 041.07−224 461 716.05+48 381 265.04=79 958 642 103.88（元）

所以，将计算得出的该公司2020年营业利润填入利润表中"营业利润"项目的2020年栏内。

**⑬营业外收入。**营业外收入是指与企业日常营业活动没有直接关系的各项利得，是企业财务成果的组成部分，如没收包装物押金收入、罚款净收入等。在企业的"利润表"中，营业外收入需要单独列示。根据账簿记录统计出最终的"营业外收入"科目的贷方发生额合计数，最后将贷方余额直接以负数填入利润表。工作中可用下列公式简单计算：

“营业外收入”项目=“营业外收入”科目贷方余额

由于企业的营业外收入是纯利得，没有相应的成本与之对应，也不会因为营业外收入的减少而出现“营业外收入”科目借方余额。因此，利润表中的“营业外收入”项目直接以“营业外收入”科目的贷方余额填列。

## | 范例解析 | 公司“营业外收入”项目的填列

某公司2020年末利润表“营业外收入”项目，2020年和2019年的数据，如图3-22所示。

| | | | 单位：元 |
|---|---|---|---|
| 加：营业外收入 | 50 | 999,497,308.64 | 714,732,128.72 |

图 3-22 “营业外收入”项目的年度数据

上图中，999 497 308.64是2020年的数据，714 732 128.72是2019年的数据。再通过图3-23所示的内容，就可以知道该公司“营业外收入”项目的计算填列规则。

营业外收入

单位：元

| | 2020年 | 2019年 | 计入当年非经常性损益的金额 |
|---|---|---|---|
| 罚款收入 | 280,544,969.43 | 277,125,822.93 | 280,544,969.43 |
| 没收订金及违约金收入 | 232,182,313.94 | 135,152,464.01 | 232,182,313.94 |
| 其他 | 486,770,025.27 | 302,453,841.78 | 486,770,025.27 |
| 合计 | 999,497,308.64 | 714,732,128.72 | 999,497,308.64 |

图 3-23 营业外收入的计算填列

从上表数据可知，该公司的营业外收入主要包括罚款收入、没收订金及违约金收入和其他收入。所以，填报利润表时，将2020年的这些收入汇总数999 497 308.64填入“营业外收入”项目的2020年栏内，将2019年的这些收入汇总数714 732 128.72填入该项目的2019年栏内。

**知识延伸 | 非经常性损益**

非经常性损益是指企业发生的与经营业务无直接关系，以及虽与经营业务有关但由于其性质、金额或发生频率，影响了真实、公允地反映企业正常盈利能力的收入、支出。如处置长期股权投资产生的损益、各种形式的政府补贴等。

⑭**营业外支出。**营业外支出是指企业除主营业务成本和其他业务成本等以外的各项非营业性支出，如罚款支出、捐赠支出和非常损失等。营业外支出是纯损失，发生时没有对应的收入，所以通常为借方余额。根据账簿记录统计出“营业外支出”科目的借贷方合计数，从而得到借方余额，直接以正数填入利润表的“营业外支出”项目的对应栏次中。工作中可借助下列公式简单计算：

“营业外支出”项目=“营业外支出”科目借方余额

**| 范例解析 | 公司“营业外支出”项目的填列**

某公司2020年末利润表“营业外支出”项目，2020年和2019年的数据，如图3–24所示。

| | | | 单位：元 |
|---|---|---|---|
| 减：营业外支出 | 51 | 1,282,386,489.13 | 788,578,652.67 |

图 3-24 “营业外支出”项目的年度数据

上图中，1 282 386 489.13是2020年的数据，788 578 652.67是2019年的数据。再通过图3–25所示的内容，就可以知道该公司的“营业外支出”项目的计算填列规则。

营业外支出

单位：元

| | 2020 年 | 2019 年 | 计入当年非经常性损益的金额 |
|---|---|---|---|
| 对外捐赠 | 579,090,000.00 | 438,523,728.31 | 579,090,000.00 |
| 其他 | 703,296,489.13 | 350,054,924.36 | 703,296,489.13 |
| 合计 | 1,282,386,489.13 | 788,578,652.67 | 1,282,386,489.13 |

图 3-25 营业外支出的计算填列

从上图数据可知，该公司的营业外支出包括对外捐赠支出和其他需要计入营业外支出的支出。所以，将2020年的汇总数1 282 386 489.13填入利润表“营业外支出”项目的2020年栏内，将2019年的汇总数788 578 652.67填入该项目的2019年栏内。

⑮**利润总额。**在本章 3.1.1 节中已经简单介绍了什么是利润总额以及其大致构成部分。而从利润表的结构来看，利润总额的得来会涉及以下计算

公式：

“利润总额”项目=营业利润+营业外收入-营业外支出

## | 范例解析 | 公司“利润总额”项目的填列

某公司2020年末利润表“利润总额”项目，2020年和2019年的相关数据，如图3-26所示。

| | | | 单位：元 |
|---|---|---|---|
| 三、利润总额 | | 79,675,752,923.39 | 76,539,289,517.59 |

图 3-26 “利润总额”项目的年度数据

上图中，79 675 752 923.39是2020年的数据，76 539 289 517.59是2019年的数据。再通过图3-27所示的利润表局部图，就可知道该公司“利润总额”项目数据的由来。

| | | | 单位：元 |
|---|---|---|---|
| 二、营业利润 | | 79,958,642,103.88 | 76,613,136,041.54 |
| 加：营业外收入 | 50 | 999,497,308.64 | 714,732,128.72 |
| 减：营业外支出 | 51 | 1,282,386,489.13 | 788,578,652.67 |
| 三、利润总额 | | 79,675,752,923.39 | 76,539,289,517.59 |

图 3-27 利润总额的计算填列

从上图数据可知，2020年利润总额=79 958 642 103.88+999 497 308.64-1 282 386 489.13=79 675 752 923.39（元）；2019年利润总额=76 613 136 041.54+714 732 128.72-788 578 652.67=76 539 289 517.59（元）。所以，将计算出的2020年利润总额数据和2019年的利润总额数据分别填入利润表中“利润总额”项目的相关栏次中。

⑯**所得税费用**。所得税费用是指企业经营利润需要缴纳的企业所得税税费。该项目不能简单地以利润表中“利润总额”项目数据计算填列，而需要经过以下公式的计算：

“所得税费用”项目=当期应交企业所得税=当期应纳税所得额×企业所得税税率

当期应纳税所得额=当期税前会计利润+纳税调整增加额-纳税调整减少额

在运用上述计算公式时，“当期税前会计利润”就是利润表中的“利润总额”项目数据。结合两个公式可看出，如果企业当期不存在任何纳税调整增加额和纳税调整减少额，则当期应纳税所得额＝当期税前会计利润，即“所得税费用”项目＝当期税前会计利润 × 企业所得税税率＝利润表中“利润总额”项目 × 企业所得税税率。

## | 范例解析 | 公司“所得税费用”项目的填列

某公司2020年末利润表“所得税费用”项目，2020年和2019年的数据，如图3-28所示。

| | | | 单位：元 |
|---|---|---|---|
| 减：所得税费用 | 52 | 20,377,636,478.86 | 21,407,674,945.50 |

图 3-28 “所得税费用”项目的年度数据

上图中，20 377 636 478.86是2020年的数据，21 407 674 945.50是2019年的数据。再通过图3-29所示的内容，就可以分析出该公司“所得税费用”项目的计算填列规则。

所得税费用

本年所得税费用组成

单位：元

| | 2020 年 | 2019 年 |
|---|---|---|
| 当年所得税费用 | 24,544,762,812.04 | 29,154,182,504.82 |
| 其中：当年产生的所得税费用 | 24,696,473,665.58 | 29,215,278,882.29 |
| 汇算清缴差异调整 | (151,710,853.54) | (61,096,377.47) |
| 递延所得税费用 | (4,167,126,333.18) | (7,746,507,559.32) |
| 合计 | 20,377,636,478.86 | 21,407,674,945.50 |

图 3-29 所得税费用的计算填列

从上图数据可以看出，该公司当年的所得税费用受当年产生的所得税费用、汇算清缴差异调整以及递延所得税费用的影响。以2020年为例，所得税费用=24 544 762 812.04−4 167 126 333.18=20 377 636 478.86（元），其中，当年所得税费用24 544 762 812.04=当年产生的所得税费用+汇算清缴差异调整=24 696 473 665.58−151 710 853.54。

所以，通过计算，分别将计算得出的2020年和2019年的所得税费用合计数填入利润表中“所得税费用”项目的相应栏次内。

上述案例中，当年产生的所得税费用在计算时需要考虑非应税收入，不可抵扣的成本、费用和损失，本年未确认递延所得税资产的可抵扣暂时性差异，以及使用前期未确认递延所得税资产的可抵扣亏损等对所得税费的影响。

该公司当期“所得税费用”项目利润总额计算过程，如图 3-30 所示。

所得税费用与会计利润的关系如下：

单位：元

| | 2020 年 | 2019 年 |
|---|---|---|
| 税前利润 | 79,675,752,923.39 | 76,539,289,517.59 |
| 按法定税率计算的所得税费用 | 20,270,444,576.47 | 19,388,053,045.67 |
| 非应税收入 | (2,446,150,560.99) | (963,215,503.75) |
| 不可抵扣的成本、费用和损失的影响 | 2,089,662,866.26 | 1,937,667,330.82 |
| 本年未确认递延所得税资产的可抵扣暂时性差异 | 1,036,959,956.16 | 1,280,935,644.71 |
| 使用前期未确认递延所得税资产的可抵扣亏损 | (421,569,505.50) | (174,669,194.48) |
| 以前年度汇算清缴差异 | (151,710,853.54) | (61,096,377.47) |
| 本年所得税费用 | 20,377,636,478.86 | 21,407,674,045.50 |

图 3-30　从“利润总额”到“所得税费用”的过程

从上图中的数据可知，2020 年的本年所得税费用 =20 270 444 576.47-2 446 150 560.99+2 089 662 866.26+1 036 959 956.16-421 569 505.50-151 710 853.54=20 377 636 478.86（元）。

换句话说，该公司当年填入利润表“所得税费用”项目的数字 = 按法定税率计算的所得税费用 - 非应税收入对应的所得税费用 + 不可抵扣成本、费用和损失需要缴纳的企业所得税 + 本年未确认递延所得税资产的可抵扣暂时性差异对应的所得税费用 - 使用前期未确认递延所得税资产的可抵扣亏损对应的所得税费用 - 以前年度汇算清缴差异对应的所得税费用。

⑰**净利润。**净利润指企业当期利润总额减去所得税费用后的余额，表示企业的税后利润。利润表中，该项目的计算填列比较简单，直接利用下列计算公式：

“净利润”项目=利润总额-所得税费用

结合前述案例的数据，某公司 2020 年的利润总额为 79 675 752 923.39 元，所得税费用为 20 377 636 478.86 元，那么净利润 =79 675 752 923.39−20 377 636 478.86=59 298 116 444.53（元）。

除此以外，利润表中还需要填列公司净利润的具体构成以及其他综合收益的税后净额，然后由净利润加上其他综合收益的税后净额，得出公司当年综合收益总额，以便于后续进行基本每股收益和稀释每股收益的计算填列。这部分内容比较复杂，这里不做详述，有需要学习的，可参考一些公司的年度报表进行学习。

### 3.2.3 编制利润表容易犯的错误

虽然利润表的编制主要涉及从上到下的加减运算，看起来似乎比较简单，但是在编制过程中仍然可能出错。下面将对编制利润表容易犯的错误进行介绍。

（1）将主营业务收入和其他业务收入分开列示

在新收入准则的规定下，企业核算账目时仍然同时设置“主营业务收入”和“其他业务收入”科目，但在编制利润表时，将两者统一归类到“营业收入”项目中，而主营业务收入和其他业务收入的明细在报表附注中列示。

同理，企业填制记账凭证时仍然需要设置“主营业务成本”和“其他业务成本”科目，但在编制利润表时，将两者统一归类到“营业成本”项目中，而主营业务成本及其他业务成本的明细情况在报表附注中列示。

（2）没有将租赁收入划入营业收入

在新收入准则的规定下，租赁业务较少的企业不需要单独设置“租赁收入”科目，而是直接将固定资产、无形资产和包装物等的租赁收入计入“其他业务收入”科目进行核算，在编制利润表时，相应地就要将租赁收入归类到“营业收入”项目中。

但要注意，如果是专门从事租赁业务的企业，获得租金收入时，可以单独设置“租赁收入”科目进行核算。

（3）分期收款发出货物的收入确认时点和计量方法错误

根据规定，以分期收款方式销售货物的，按照合同约定的收款日期确认收入的实现；没有书面合同或书面合同没有约定收款日期的，在货物发出的当天确认收入的实现。

由于会计工作以权责发生制为原则，因此，如果不能准确确定收入确认时点，或者不能准确使用计量方法，则当期收入的确定就会出错，进而使得利润表“营业收入”项目填报错误。

（4）发生销售退回未冲减相关收入和成本

对于已经确认收入的售出商品发生销售退回的情况，企业应在发生时根据准则的规定冲减当期销售商品的收入和成本，而不是将退回商品对应的价格计入费用或作为往来款项处理。如果处理不当，则会影响利润表中“营业收入”“营业成本”以及相关费用项目的准确性，使得利润表的编制出错。

（5）属于资产负债表日后事项的销售退回冲减期间错误

属于资产负债表日后事项的销售退回，企业财会人员需要将对应的收入和成本在售出商品并确认收入和成本的会计期间予以冲销。如果将资产负债表日后事项的销售退回冲减下一会计期间的收入和成本，则不仅当期利润表的编制会出错，下一会计期间编制的利润表也会出错。

（6）未核查资产减值损失明细账而转回了已确认的资产减值损失

在本章 3.2.2 节的相关内容中已经介绍过，企业已经确认的资产减值损失在以后会计期间不得转回。如果会计人员做账时没有注意这一问题，而将不能转回的资产减值损失转回了，在编制利润表时，会计人员又没有认真检查资产减值损失的明细账，从而使得“资产减值损失”项目填报错误。通常是会减少资产减值损失，从而虚增企业的利润，还会受到相应的处罚。

（7）“税金及附加”项目填列错误

企业发生的增值税和企业所得税，分别通过“应交税费——应交增值税”和“应交税费——应交企业所得税”项目核算，且发生的企业所得税最终计入“所得税费用”项目中，而不是计入“税金及附加”项目中。

计入“税金及附加”项目的税费包括消费税、印花税、城市维护建设税、教育费附加、土地增值税、房产税、城镇土地使用税、资源税、车船使用税和环保税。

如果没有明确“税金及附加”项目核算的税种，则在编制填报利润表时就很容易出错。

（8）将增值税出口退税计入政府补助

企业发生的增值税出口退税应抵减内销产品的应纳税额，而不是将其计入政府补助。如果没有明确这一点，在企业发生了增值税出口退税的业务时，利润表中“营业外收入”项目的填列就会出错，进而也会影响资产负债表中“应交税费”项目的正确性。

（9）没有正确区分借款费用资本化和费用化的范围

企业发生的借款费用，资本化部分通常计入相关资产成本，即构成资产价值的一部分；而费用化的部分才填列在利润表的“利息支出”项目中。如果没有正确区分借款费用资本化和费用化的范围，则计入相关资产成本的借款费用会核算错误，导致资产负债表中相关资产项目填列错误。同时导致利润表中“利息支出”项目填列错误。

（10）未分清公允价值变动损益和投资收益

在新准则的规定下，公允价值变动损益只反映尚未实现的，划分为以公允价值计量且其变动计入当期损益或可供出售金融资产的投资收益；已经实现的投资收益则计入利润表中的“投资收益”项目。很显然，如果没有分清公允价值变动损益和投资收益，就会同时影响两个项目在利润表中填列的正确性。

（11）“所得税费用”项目填列错误

在本章 3.2.2 节的相关内容中我们已经知道了“所得税费用”项目的填列不能单纯地以利润表中“利润总额”项目的数据乘以适用的企业所得税税率，还应该考量其他纳税调整事项。换句话说，不能将“所得税费用”等同于“应交税费——应交企业所得税”。这里的“应交税费——应交企业所得税”相当于“按法定税率计算的所得税费用”，进一步说明“所得税费用”与“应交税费——应交企业所得税”之间不能简单地画等号。如果理解错误，则利润表中“所得税费用”项目的填列就会出错，利润表的编制就会发生错误。

还有一些在编制利润表时容易犯的错误，这里不再一一列举。作为企业的财会人员，应在实际工作中总结经验，避免利润表编制错误。

## 3.3 利润表在实务中的运用

利润表反映了一个企业的经营成果，它可以使管理者了解企业大致的盈利或亏损情况，从而指导管理者做出正确的经营决策。那么，利润表在实务中究竟有什么作用，它在生活中怎样运用，本节将从这两个方面做简单介绍。

### 3.3.1 利润表的作用

利润表可以反映企业在一定会计期间的营收情况和经营耗费情况，即分别实现了多少主营业务收入、其他业务收入和收益，耗费了多少主营业务成本、销售费用、管理费用和财务费用，发生了多少资产减值损失等。同时还反映企业经营获得的净利润情况，据以判断企业资本保值、增值的能力。实际上，编制利润表的主要目的是将企业的经营成果信息展示给各方报表使用者，帮助他们准确地做出相应的决策。其作用大致有如下几点：

◆ 解释、评价和预测企业的经营成果及获利能力

企业的经营成果是一个绝对值指标，可以反映企业资本增长的规模。而获利能力是一个相对值指标，体现的是企业运用一定的经济资源获取经营成果的能力。企业经营成果的信息可直接由利润表反映，但获利能力信息却需要利润表和其他会计报表及报表附注结合运用才能得到。通过比较和分析同一企业不同时期或不同企业同一时期的各种收益率指标，就可解释、评价和预测企业的获利能力。

◆ 解释、评价和预测企业的偿债能力

企业的偿债能力不仅取决于资产的流动性和资本结构，也取决于盈利能力。虽然利润表本身不能提供偿债能力信息，但可以提供盈利能力信息，由此帮助企业解释、评价和预测自身的偿债能力。

◆ 管理人员可据以做出经营决策

通过比较和分析利润表中各种构成要素，企业可以知道各项收入、成本、费用、利得和损失之间的消长关系，发现工作中各方面存在的问题，揭露不足，找出差距，从而做出改善经营管理、增收节支、杜绝浪费等经营决策。

◆ 可据以评价并考核管理人员的绩效

通过比较本企业不同时期利润表数据和相关盈利能力指标，看各项收

入、费用、成本和收益的增减变动情况，考察增减变动原因，以此可以评价企业管理人员的经营业绩。

### 3.3.2 生活中的利润表

生活中的利润表主要表现为收支明细表，家庭或个人可以借助收支明细表查看当月或当年消费支出及收入情况。下面通过查看个人某月编制的收支明细表，体会利润表在生活中的运用。

**| 范例解析 | 编制个人收支明细表**

张女士为了能清楚地知道自己在10月份的收支情况，于是借鉴利润表，编制了个人当月的收支表，见表3–5。

表 3–5 个人收支表（2021 年 10 月）

| 现金流入项目 | 金额（元） | 现金流出项目 | 金额（元） |
| --- | --- | --- | --- |
| 工资、薪金 | 8 208.00 | 穿戴、美妆支出 | 2 000.00 |
| 津贴、补贴 | 600.00 | 餐饮支出 | 926.50 |
| 其他报酬 | 0.00 | 房租、水电气、通信 | 950.00 |
| **工薪收入合计** | **8 808.00** | 交通费 | 202.00 |
| 银行存款利息收入 | 291.67 | **衣食住行支出合计** | **4 078.50** |
| 基金投资收益 | 125.00 | 其他临时性支出 | 480.00 |
| **其他收入合计** | **416.67** | **支出总计** | **4 558.50** |
| **收入、收益总计** | **9 224.67** | **净收入** | **4 666.17** |

从上表数据可知，张女士2021年10月的总计收入共9 224.67元，总计支出有4 558.50元，当月净收入有4 666.17元。也就是说，张女士当月的收入还有结余。为了提高资金的利用效率，张女士还可以进行一些理财活动，将闲置的资金用来理财，以期获得更高的投资收益，增加收入渠道。

# 第4章

## 分析现金流量表掌握资金动向

通过利润表只能从结果的角度看企业的经营成果，而实际工作中企业的资金运作情况无法从该表格数据中得知，且企业经营不能只看结果，还应注重过程，因为企业的利润高不代表有足够的资金保证日常运营。而要了解企业的资金情况，需要借助现金流量表，掌握企业现金流的动向，以便更好地调整经营策略。

# 4.1 现金流量表的内容及结构

现金流量表是专门用来描述企业经营、投资和筹资活动产生的现金流的报表，它的主要作用是体现公司短期生存能力，尤其是缴付账单的能力。财会人员要正确编制现金流量表，需要掌握其大致结构和内容。

## 4.1.1 现金流量表的三大内容

企业现金流量表的三大内容包括：经营活动产生的现金流量、投资活动产生的现金流量和筹资活动产生的现金流量。

（1）经营活动产生的现金流量

经营活动现金流量是指企业投资活动和筹资活动以外的所有交易和事项产生的现金流量，包括销售商品、提供劳务；购买商品、接受劳务；支付给职工以及为职工支付的现金等，在现金流量表中按其性质分项列示。

经营活动产生的现金流量是企业现金的主要来源，相对于净利润，企业经营活动产生的现金流量更能反映企业真实的经营成果。与企业经营活动现金流量相关的一些项目见表 4-1。

表 4-1　经营活动现金流量项目

| 项　　目 | 解　　释 |
|---|---|
| 销售商品、提供劳务收到的现金 | 反映企业销售商品、提供劳务实际收到的现金（含销售收入和应向购买者收取的增值税税额），包括当期销售商品、提供劳务收到的现金和前期销售商品、提供劳务在当期收到的现金，以及当期预收的账款。注意，这里要扣除当期退回的已销售商品和前期销售而当期退回的商品所支付的现金 |
| 收到的税费返还 | 包括收到的增值税销项税额和退回的增值税税款，以及收到的除增值税以外的其他税费返还，如企业所得税、消费税、关税和教育费附加等的返还款 |

续表

| 项　　目 | 解　　释 |
|---|---|
| 收到的其他与经营活动有关的现金 | 包括以下几部分：<br>①营业外收入相关明细本期贷方发生额，如收到的各种罚款收入<br>②其他业务收入相关明细本期贷方发生额，如收到的废品收入等<br>③其他应收款相关明细本期贷方发生额，如收回的前期员工向公司借用的备用金<br>④其他应付款相关明细本期贷方发生额，如收到的包装物押金等<br>⑤企业的银行存款利息收入等 |
| 购买商品、接受劳务支付的现金 | 包括企业购买材料支付的现金（含采购价格和供应商收取的增值税税额）、当期偿还应付账款支付的现金、当期预付购货款支付的现金等 |
| 支付给职工以及为职工支付的现金 | 包括当期实际支付给职工的工资、奖金、各种津贴和补贴，以及为职工支付的其他费用和代扣代缴的职工个人所得税税款等 |
| 支付的各项税费 | 包括企业当期实际支付给主管税务机关的各项税费合计数，如增值税、消费税、城市维护建设税、资源税、教育费附加、房产税、城镇土地使用税、车船使用税、印花税和环保税等税款 |
| 支付的其他与经营活动有关的现金 | 包括除上述现金流出项目以外的其他与经营活动有关的现金流出，如捐赠支出、罚款支出，以及支付的差旅费、业务招待费和保险费等现金支出 |
| 经营活动产生的现金流量净额 | 指企业经营活动产生的现金流入合计数减去经营活动产生的现金流出合计数后的余额 |

（2）投资活动产生的现金流量

投资活动现金流量是指企业长期资产（通常指使用年限在一年以上）的购建及其处置产生的现金流量，包括购建固定资产、长期投资现金流量和处置长期资产的现金流量，在现金流量表中按其性质分项列示。与企业投资活动现金流量有关的一些项目见表 4–2。

表 4–2 投资活动现金流量项目

| 项目 | 解释 |
| --- | --- |
| 收回投资收到的现金 | 反映企业出售、转让或到期收回除现金等价物以外的短期投资、长期股权投资而收到的现金，以及收回长期债权投资本金而收到的现金。注意，不包括长期债权投资收回的利息和收回的非现金资产 |
| 取得投资收益收到的现金 | 反映企业因各种投资而分得的现金股利、利润和利息等 |
| 处置固定资产、无形资产和其他长期资产收回的现金净额 | 反映企业处置固定资产、无形资产和其他长期资产所得的现金，再扣除为了处置这些资产而支付的有关费用后的净额；以及由于自然灾害造成的固定资产等长期资产损失而收到的保险赔偿收入也在本项目中反映 |
| 处置子公司及其他营业单位收到现金净额 | 反映企业处置子公司及其他营业单位收到的现金，减去相关处置费用以及子公司及其他营业单位持有的现金和现金等价物后的净额 |
| 收到其他与投资活动有关的现金 | 反映企业除了上述各项现金流入外，收到的其他与投资活动有关的现金流入，其中价值较大的其他现金流入项目需要单独列示反映 |
| 购建固定资产、无形资产和其他长期资产支付的现金 | 反映企业购买、建造固定资产，取得无形资产和其他长期资产所支付的现金<br>注意，为了购建固定资产发生的借款利息资本化的部分，以及融资租入固定资产支付的租赁费，这两者要在筹资活动产生的现金流量中反映，不在此项目中反映；企业以分期付款方式购建的固定资产，其首次付款支付的现金会作为投资活动的现金流出，但以后各期支付的现金作为筹资活动的现金流出 |
| 投资支付的现金 | 反映企业进行各种性质的投资所支付的现金，包括企业取得的除现金等价物外的短期股票投资、长期股权投资、长期债券投资支付的现金，以及支付的佣金和手续费等附加费用 |
| 取得子公司及其他营业单位支付现金净额 | 反映企业购买子公司及其他营业单位支付的现金，减去子公司及其他营业单位持有的现金和现金等价物后的净额 |

续表

| 项　目 | 解　释 |
| --- | --- |
| 支付其他与投资活动有关的现金 | 反映企业除上述各项现金流出外，支付的其他与投资活动有关的现金流量。如果其他现金流量价值较大，应单独列示项目 |
| 投资活动产生的现金流量净额 | 指企业投资活动产生的现金流入总数减去投资活动产生的现金流出总额后的余额 |

（3）筹资活动产生的现金流量

筹资活动现金流量指企业经营过程中产生的与筹资活动相关的现金流量，它是企业资本及债务的规模和构成发生变化的活动所产生的现金流量，在现金流量表中同样按照其性质分项列示。筹资活动现金流量的一些相关项目见表 4-3。

**表 4-3　筹资活动现金流量项目**

| 项　目 | 解　释 |
| --- | --- |
| 吸收投资收到的现金 | 反映企业收到的投资者投入的现金，包括以发行股票方式筹集的资金实际收到股款净额（发行收入减去支付的佣金等发行费用）、发行债券实际收到的现金（发行收入减去支付的佣金等发行费用后的净额）等。注意，以发行股票方式筹集资金而由企业直接支付的审计、咨询等费用，以及发行债券支付的发行费用等，不在该项目中反映，而需要在“支付的其他与筹资活动有关的现金”项目中反映 |
| 取得借款收到的现金 | 反映企业举借各种短期、长期借款收到的现金 |
| 收到其他与筹资活动有关的现金 | 反映企业除上述各项现金流入项目外收到的其他与筹资活动有关的现金流入，如接受现金捐赠等。如果其他现金流入项目的价值较大，应单独列示项目 |
| 偿还债务支付的现金 | 反映企业以现金偿还债务所支付的现金，包括偿还金融企业的借款本金、偿还债券本金等。注意，企业偿还的借款利息和债券利息等，在“分配股利、利润或偿付利息支付的现金”项目中反映，不在本项目中反映 |

续表

| 项　　目 | 解　　释 |
| --- | --- |
| 分配股利、利润或偿付利息支付的现金 | 反映企业实际支付的现金股利、利润以及支付给其他投资者的利息 |
| 支付其他与筹资活动有关的现金 | 反映企业除上述各项现金流出项目外支付的其他与筹资活动有关的现金流出。以发行股票方式筹集资金而由企业直接支付的审计、咨询等费用，以及发行债券支付的发行费用等 |
| 筹资活动产生的现金流量净额 | 指企业筹资活动产生的现金流入合计数减去筹资活动产生的现金流出合计数后的余额 |

企业现金流量表中，除了有这三大类项目，还有其他一些比较特殊的项目，如“汇率变动对现金及现金等价物的影响”“现金及现金等价物净增加额”“期初现金及现金等价物余额”以及“期末现金及现金等价物余额”。

**①汇率变动对现金及现金等价物的影响。**该项目反映企业经营过程中因汇率变动而使现金及现金等价物的价值发生变化引起的现金流量变化。

**②现金及现金等价物净增加额。**该项目是经营活动产生的现金流量净额、投资活动产生的现金流量净额、筹资活动产生的现金流量净额以及汇率变动对现金及现金等价物的影响这四项数据之和。

**③期初现金及现金等价物余额。**该项目反映的是企业当期期初现金及现金等价物的余额。

**④期末现金及现金等价物余额。**该项目反映的是企业经过当期现金流的增加，形成的当期最终的现金及现金等价物的余额，在数量上等于当期现金及现金等价物净增加额加上期初现金及现金等价物余额。

### 4.1.2　常用的现金流量表结构

企业现金流量表的结构比较稳定，长期以来很少有变化，而且无论是已经执行新收入准则、新金融准则和新租赁准则的企业，还是尚未执行新收入准则、新金融准则和新租赁准则的企业，其适用的现金流量表也几乎没有区别。我国财政部发布的相关政策文件中提供的现金流量表结构样式如图 4-1 所示。

**现金流量表**

会企 03 表

编制单位：　　　　　　　年　　月　　　　　　　单位：元

| 项目 | 本月金额 | 本年累计金额 |
| --- | --- | --- |
| 一、经营活动产生的现金流量： | | |
| 销售商品、提供劳务收到的现金 | | |
| 收到的税费返还 | | |
| 收到其他与经营活动有关的现金 | | |
| 经营活动现金流入小计 | | |
| 购买商品、接受劳务支付的现金 | | |
| 支付给职工以及为职工支付的现金 | | |
| 支付的各项税费 | | |
| 支付其他与经营活动有关的现金 | | |
| 经营活动现金流出小计 | | |
| 经营活动产生的现金流量净额 | | |
| 二、投资活动产生的现金流量： | | |
| 收回投资收到的现金 | | |
| 取得投资收益收到的现金 | | |
| 处置固定资产、无形资产和其他长期资产收回的现金净额 | | |
| 处置子公司及其他营业单位收到的现金净额 | | |
| 收到其他与投资活动有关的现金 | | |
| 投资活动现金流入小计 | | |
| 购建固定资产、无形资产和其他长期资产支付的现金 | | |
| 投资支付的现金 | | |
| 取得子公司及其他营业单位支付的现金净额 | | |
| 支付其他与投资活动有关的现金 | | |
| 投资活动现金流出小计 | | |
| 投资活动产生的现金流量净额 | | |
| 三、筹资活动产生的现金流量： | | |
| 吸收投资收到的现金 | | |
| 取得借款收到的现金 | | |
| 收到其他与筹资活动有关的现金 | | |
| 筹资活动现金流入小计 | | |
| 偿还债务支付的现金 | | |
| 分配股利、利润或偿付利息支付的现金 | | |
| 支付其他与筹资活动有关的现金 | | |
| 筹资活动现金流出小计 | | |
| 筹资活动产生的现金流量净额 | | |
| 四、汇率变动对现金及现金等价物的影响 | | |
| 五、现金及现金等价物净增加额 | | |
| 加：期初现金及现金等价物余额 | | |
| 六、期末现金及现金等价物余额 | | |

单位负责人：　　　　　　财务主管：　　　　　　制表人：

图 4-1　现金流量表

从上图可以看出，企业现金流量表为上下结构，自上而下依次填列经营活动产生的现金流量相关项目、投资活动产生的现金流量相关项目和筹资活动产生的现金流量相关项目，最后再填列汇率变动对现金及现金等价物的影响，同时计算填列出企业当期期末现金及现金等价物余额。

与利润表相似，现金流量表中各项目也需要填列两栏数据，一是“本月金额”，即当月的发生额；二是“本年累计金额”，即年初至当月末各项目的现金流量合计数。

### 4.1.3 了解现金流量表的主附表钩稽关系

现金流量表的附表没有统一的格式，各企业根据自身账务处理的需求自行设计编制。现金流量表附表的大致结构，如图 4-2 所示。

**现金流量表**

年　月　日　　　　企××表

编制单位：　　　　单位：元

| 项目 | 行次 | 本月金额 | 本年累计金额 |
|---|---|---|---|
| 一、经营活动产生的现金流量： | | | |
| 销售产成品、商品、提供劳务收到的现金 | 1 | | |
| …… | …… | | |
| 五、期末现金及现金等价物余额 | 29 | | |
| | | | |
| 补充资料 | | | |
| 现金流量附表项目 | | | |
| 1.将净利润调节为经营活动的现金流量 | | | |
| 净利润 | 30 | | |
| 计提的资产减值准备 | 31 | | |
| 固定资产折旧 | 32 | | |
| 无形资产摊销 | 33 | | |
| 长期待摊费用摊销 | 34 | | |
| 待摊费用减少 | 35 | | |
| 预提费用增加 | 36 | | |
| …… | …… | | |
| 经营活动产生的现金流量净额 | 45 | | |
| 2.不涉及现金收支的投资和筹资活动 | | | |
| 债务转为资本 | 46 | | |
| 一年内到期的可转换公司债券 | 47 | | |
| 融资租入固定资产 | 48 | | |
| …… | …… | | |
| 3.现金及现金等价物增加情况 | | | |
| 现金的期末余额 | 57 | | |
| 减：现金的期初余额 | 58 | | |
| 加：现金等价物的期末余额 | 59 | | |
| 减：现金等价物的期初余额 | 60 | | |
| 现金及现金等价物的净增加额 | 61 | | |

图 4-2　现金流量表附表

现金流量表附表通常称为“补充资料”，可以直接跟在现金流量表“期末现金及现金等价物余额”项目之后，也可以单独将其编制成一张表格。

而在本章 4.1.1 和 4.1.2 节中介绍的现金流量表内容及结构，都是现金流量表主表的内容及结构。对比主附表的内容可将两者的钩稽关系概括为以下两点：

- 主表中的“经营活动产生的现金流量净额”项目的金额，等于附表中“经营活动产生的现金流量净额”项目的金额。
- 主表中的“现金及现金等价物净增加额”项目的金额，等于附表中“现金及现金等价物的净增加额”项目的金额。

而现金流量表附表中列示的各明细现金流量项目，是对现金流量表主表中关于经营活动产生的现金流量以及现金及现金等价物的变动情况的具体补充说明。

# 4.2 现金流量表的编制与填列

现金流量表的结构比较简单，但各项目的计算填列却比较复杂，不能单纯地依照会计账簿记录或者会计凭证的记录直接填列，而需要经过细致地分析，从中找出现金业务分析填列。

因此，本章只简单介绍现金流量表编制的一些内容，如现金流量表的编制原则、程序以及各项目的填列规则。

## 4.2.1 现金流量表的编制原则

企业财会人员在编制现金流量表时，需要遵循的原则主要有以下五个：

（1）分类反映原则

编制现金流量表时遵循分类反映原则是为了给会计报表使用者提供明确的企业经营活动、投资活动和筹资活动对现金流量的影响信息，让报表使用者能对企业现金流量的情况有比较清晰地认识，更能了解经营活动、投资活动和筹资活动分别对企业现金流量的影响程度，进而有利于报表使用者对经营决策做出适当且准确的调整。

（2）总额反映与净额反映灵活运用原则

编制现金流量表遵循总额反映与净额反映灵活运用的原则，可以同时提供企业现金流入和流出总额的信息以及各类业务或项目引起的现金流量净额信息。因为现金流量总额提供的信息比现金流量净额与业务更相关、更有用，而对于一些金额不大的项目或者不反映企业自身的交易或事项的现金流量项目，如果以现金流量总额来反映就会很费时，此时就可以直接以现金流量净额的方式列报。

这样总额与净额同时运用，既可以提高报表数据与业务的相关性，也能适当地简化现金流量表的编制与填报，提高工作效率。

（3）合理划分经营活动、投资活动和筹资活动

从本章 4.1.1 节的内容我们已经知道经营活动、投资活动和筹资活动均应按照其性质进行划分列示，但同时也发现，有些交易或事项不容易区分，如利息收入和股利收入、利息支出和股利支出等，是作为经营活动还是投资活动，或是筹资活动呢？

现金形式的利息收入和股利收入需要作为投资活动，将其计入“取得投资收益收到的现金”项目中；而现金形式的利息支出和股利支出需要作为筹资活动，将其计入“分配股利、利润或偿付利息支付的现金”项目中。

还有一些现金收支可能具有多类现金流量的特征，其所属类别就需要根据特定情况加以确定。例如，实际缴纳的企业所得税，由于很难区分缴纳的是经营活动产生的企业所得税，还是投资或筹资活动产生的企业所得税，因此通常将其作为经营活动的现金流量。

另外一些特殊项目，如自然灾害损失和保险索赔，如果能分清楚是属于固定资产损失的保险索赔，则作为投资活动产生的现金流量；如果是流动资产损失的保险索赔，通常作为经营活动产生的现金流量。如果不能分清楚属于固定资产损失还是流动资产损失的保险索赔，一律归类到经营活动产生的现金流量。

（4）外币现金流量折算为人民币反映原则

在我国，企业外币现金流量以及境外子公司的现金流量，要以现金流量发生日的汇率或加权平均汇率折算为人民币现金流量，而涉及的汇率变动对现金的影响作为调节项目，在现金流量表中单独以“汇率变动对现金及现金等价物的影响”项目列示。

（5）重要性原则

理论上来说，不涉及现金的投资活动和筹资活动不会反映在现金流量表中，因为这些投资活动和筹资活动不影响企业的现金流量。但是，如果不涉及现金的投资活动和筹资活动的收支数额很大，且又不反映在现金流量表中，就很可能导致一个理性的报表使用者产生误解，并做出不正确的判断和决策。所以，就需要在现金流量表中以某种形式恰当地予以揭示。

通过 4.1.3 节展示的现金流量表附表内容可知，这些不涉及现金的重要的投资活动和筹资活动在附表中进行了列示。

另外，重要性原则还体现在一些可设置或不需要设置的项目上，如“收到的租金”项目，如果企业此类业务不多，就可以不设置此项目，而直接将其归入到“收到的其他与经营活动有关的现金”项目中。换言之，如果企业收到的租金收入较多，对企业现金流量有明显的影响，则需要将“收到的租金”项目进行单独列示。

### 4.2.2 了解不同编制方法对应的编制程序

现金流量表主表是通过直接法编制而成的，而附表则是通过间接法编制而成的。

直接法是通过现金收入和支出的主要类别反映来自企业经营活动、投资活动和筹资活动的现金流量。采用直接法编制经营活动的现金流量时，一般以利润表中的营业收入为起算点，调整与经营活动有关的项目的增减变动，然后计算出经营活动的现金流量。

间接法以本期净利润为起算点，调整不涉及现金的收入、费用、营业外收支等有关项目的增减变动，据此计算出经营活动产生的现金流量。

关于直接法和间接法在编制现金流量表过程中的运用，将在下一小节（即 4.2.3 节）中做具体介绍。这里，我们主要介绍编制现金流量表时可能用到的工作底稿法和 T 形账户法的编制程序。

（1）工作底稿法

采用工作底稿法编制现金流量表时，要以工作底稿为手段，以利润表和资产负债表的数据为基础，对每一个项目进行分析并编制调整分录，从而编制成现金流量表。该编制方法的步骤如下：

**第一步，将资产负债表数据过入工作底稿。**主要是将资产负债表的期初数与期末数过入工作底稿的期初数栏和期末数栏。

**第二步，对当期业务进行分析并编制调整分录。**涉及利润表中的收入、成本和费用项目以及资产负债表中的资产、负债和所有者权益项目，通过调整将权责发生制下的收入费用转换为现金基础；涉及资产负债表和现金流量表中的投资、筹资项目，通过调整反映投资和筹资活动的现金流量；涉及利润表和现金流量表中的投资和筹资项目，通过调整将利润表中有关投资和筹资方面的收入和费用列入现金流量表的投资和筹资活动现金流量中。此外，还有一些业务形成的调整分录不涉及现金收支，只是为了核对资产负债表项目的期末、期初变动。

**知识延伸 | 记录调整分录的注意事项**

在调整分录时，关于现金和现金等价物的事项并不直接借记或贷记现金，而是分别记入“经营活动产生的现金流量”“投资活动产生的现金流量”和“筹资活动产生的现金流量”等项目中，即“借记”表明现金流入，“贷记”表明现金流出。

**第三步，将调整分录过入工作底稿。**具体是将调整分录过入工作底稿中的相应部分。

**第四步，核对调整分录。**对调整分录进行核对，要保证借贷合计相等，同时资产负债表项目期初数加减调整分录中的借贷金额后，应等于期末数。

**第五步，根据工作底稿编制正式现金流量表。**根据工作底稿中的现金流量表项目部分，编制正式的现金流量表。

在运用工作底稿法编制现金流量表时，工作底稿中的项目多少由企业根据自身当期经济业务决定。经济业务少、涉及会计科目少，则工作底稿中的项目就相对较少；反之，经济业务多、涉及会计科目多，工作底稿中的项目就相对较多。

整个工作底稿纵向分为三个部分，从上到下依次为资产负债表项目、利润表项目和现金流量表项目；横向有五个栏次，第一栏均为项目栏，第二栏为期初数栏，第三栏和第四栏为调整分录的借方栏和贷方栏，第五栏资产负债表项目部分为期末数栏，利润表项目和现金流量表项目部分为本期数栏。大致结构如图 4-3 所示。

## 现金流量表工作底稿

| | 项目 | 期初数 | 会计分录 | | 期末数 |
|---|---|---|---|---|---|
| | | | 借方 | 贷方 | |
| 资产负债表项目 | **借方项目：** | | | | |
| | 货币资金 | | | | |
| | 应收账款 | | | | |
| | 长期股权投资 | | | | |
| | 固定资产 | | | | |
| | …… | | | | |
| | **借方项目合计：** | | | | |
| | **贷方项目：** | | | | |
| | 短期借款 | | | | |
| | 应付账款 | | | | |
| | 应付职工薪酬 | | | | |
| | 实收资本 | | | | |
| | …… | | | | |
| | **贷方项目合计：** | | | | |
| 利润表项目 | 项目 | 期初数 | 会计分录 | | 本期数 |
| | | | 借方 | 贷方 | |
| | 营业收入 | | | | |
| | 营业成本 | | | | |
| | 税金及附加 | | | | |
| | 管理费用 | | | | |
| | 营业外收入 | | | | |
| | 所得税费用 | | | | |
| | …… | | | | |
| 现金流量表项目 | **一、经营活动产生现金流量：** | | | | |
| | 销售商品、提供劳务收到的现金 | | | | |
| | 收到的税费返还 | | | | |
| | 收到的其他与经营活动有关的现金 | | | | |
| | **经营活动现金流入小计** | | | | |
| | 购买商品、接受劳务支付的现金 | | | | |
| | 支付的各项税费 | | | | |
| | …… | | | | |
| | **经营活动现金流出小计** | | | | |
| | 经营活动产生的现金流量净额 | | | | |
| | **二、投资活动产生的现金流量：** | | | | |
| | 收回投资收到的现金 | | | | |
| | 处置固定资产、无形资产和其他长期资产收回的现金净额 | | | | |
| | …… | | | | |
| | **投资活动现金流入小计** | | | | |
| | 购建固定资产、无形资产和其他长期资产支付的现金 | | | | |
| | 投资支付的现金 | | | | |
| | …… | | | | |
| | **投资活动现金流出小计** | | | | |
| | 投资活动产生的现金流量净额 | | | | |
| | **三、筹资活动产生的现金流量：** | | | | |
| | 吸收投资收到的现金 | | | | |
| | 取得借款收到的现金 | | | | |
| | 收到的其他与筹资活动有关的现金 | | | | |
| | **筹资活动现金流出小计** | | | | |
| | 偿还债务支付的现金 | | | | |
| | 分配股利、利润或偿付利息支付的现金 | | | | |
| | 支付的其他与筹资活动有关的现金 | | | | |
| | **筹资活动现金流出小计** | | | | |
| | 筹资活动产生的现金流量净额 | | | | |
| | 四、汇率变动对现金及现金等价物的影响 | | | | |
| | 五、现金及现金等价物净增加额 | | | | |
| | 加：期初现金及现金等价物余额 | | | | |
| | 六、期末现金及现金等价物余额 | | | | |

图 4-3　工作底稿

在资产负债表项目部分，“期初数”栏用来填列资产负债表各项目的期初数；“期末数”栏用来填列资产负债表各项目的期末数。在利润表和现金流量表部分，“期初数”栏空置不填；“本期数”栏用来填列利润表和现金流量表各项目的本期数，其中，利润表部分的“本期数”栏内的数字应和企业本期利润表的数字核对相符，现金流量表部分的“本期数”栏内的数字则可以直接用来编制正式的现金流量表。

（2）T 形账户法

在运用 T 形账户法编制现金流量表时，要以 T 形账户为手段，以利润表和资产负债表的数据为基础，对每一个项目进行分析，并编制出调整分录，从而编制出正式现金流量表。该编制方法的步骤如图 4-4 所示。

为所有非现金项目（包括资产负债表项目和利润表项目）分别开设 T 形账户，并将各项目的期末、期初变动数过入各自的 T 形账户。

↓

开设一个大的“现金及现金等价物”T 形账户，左边依次记录经营活动、投资活动和筹资活动的现金流入，右边依次记录经营活动、投资活动和筹资活动的现金流出，同时还要将这三项活动项目各自的期末、期初变动数过入到 T 形账户中。

↓

以利润表项目为基础，结合资产负债表，分析每一个非现金项目的增减变动，并据此编制调整分录。

↓

将调整分录过入各个 T 形账户，然后进行核对，各 T 形账户借贷相抵后的余额应与各 T 形账户原来过入的期末、期初变动数一致。

↓

根据大的“现金及现金等价物”T 形账户，编制正式的现金流量表。

图 4-4　T 形账户法编制现金流量表

企业可以根据自身会计账务处理规则，选择合适的方法编制现金流量表，两种方法的编制程序供参考。

### 4.2.3　现金流量表各项目的填列规则

现金流量表项目的填列比较复杂，因为财会人员需要从所有经营业务中确定涉及现金流变动的业务，并将对应的金额填入现金流量表对应的项目中。当然，财会人员也可以直接通过企业的财务系统自动生成现金流量表，但数据可能不准确。下面就分别来认识一些常见现金流量表项目的填列。

（1）“销售商品、提供劳务收到的现金”项目

该现金流量表项目并没有看上去那么容易确定，在本章 4.1.1 节中已经介绍过具体内容，这里通过简单的计算公式来帮助填列数据。

“销售商品、提供劳务收到的现金”项目=当期销售商品、提供劳务收到的现金+前期销售商品、提供劳务在当期收到的现金+当期预收的账款-当期已销售商品发生退回支付的现金-当期退回前期销售的商品支付的现金

**| 范例解析 |　填列“销售商品、提供劳务收到的现金”项目**

甲公司2021年11月销售商品收入共100.00万元，当月收到前期应收账款20.34万元，而即将在下月实现的销售商品收入中本月预收对方公司货款7.44万元。现金流量表中经营活动产生的现金流量中的“销售商品、提供劳务收到的现金”项目要通过如下计算结果填列，见表4-4。

“销售商品、提供劳务收到的现金”项目=1 000 000.00+203 400.00+74 400.00=1 277 800.00（元）

**表 4-4　销售商品、提供劳务收到的现金**

| 项目 | 行次 | 金额 |
|---|---|---|
| 一、经营活动产生的现金流量： | 1 | |
| 销售商品、提供劳务收到的现金 | 2 | 1 277 800.00 |

注意，如果本月发生了坏账损失的核销，则在收到应收账款时应减去核销的部分，再确认为销售商品、提供劳务收到的现金。反之，如果本月有坏账收回，也应作为收到应收账款，确认销售商品、提供劳务收到的现金。

（2）“收到的税费返还”项目

通过本章 4.1.1 节的内容可以知道该科目包含的现金流量有哪些，主要是将税务机关返还给企业的各种税款现金数额相加得到。具体计算时，主要依据“税金及附加”“补贴收入”“应收补贴款”“库存现金”和“银行存款”等会计科目核算。

（3）“收到其他与经营活动有关的现金”项目

收到其他与经营活动有关的现金包括收到的各种罚款收入、废品收入、包装物押金、前期借给员工的借款以及银行存款利息收入等。在计算时可以借助“营业外收入”“其他业务收入”“库存现金”和“银行存款”等会计科目核算。

**| 范例解析 |　填列“收到其他与经营活动有关的现金”项目**

甲公司2021年11月收到员工罚款收入共950.00元，另收取包装物押金共2 000.00元，这两项现金流量需要记入“收到其他与经营活动有关的现金”项目中，见表4–5。

“收到其他与经营活动有关的现金”项目=950.00+2 000.00=2 950.00（元）

**表 4–5　收到其他与经营活动有关的现金**

| 项　　目 | 行　　次 | 金　　额 |
|---|---|---|
| 一、经营活动产生的现金流量： | 1 | |
| 销售商品、提供劳务收到的现金 | 2 | 1 277 800.00 |
| 收到的税费返还 | 3 | – |
| 收到其他与经营活动有关的现金 | 4 | 2 950.00 |

在上述三个经营活动现金流入项目填列完成后，就可以将三个数据相加，得到“经营活动现金流入小计”项目的数据，填列到现金流量表中。

（4）“购买商品、接受劳务支付的现金”项目

购买商品、接受劳务支付的现金主要依据“主营业务成本”“原材料”“应付账款”“应付票据”和“预付账款”等会计科目计算填列。可以借助以下的计算公式：

“购买商品、接受劳务支付的现金”项目=主营业务成本+进项税金+其他业务支出（不含租金）+存货（末-初）+应付账款（初-末）+应付票据（初-末）+预付账款（末-初）+存货损耗+工程领用、投资、赞助的存货-收到非现金抵债的存货-成本中非物料消耗（人工、水电、折旧）-接受投资、捐赠的存货-视同购货的进项税+支付的补价

## 范例解析 | 填列“购买商品、接受劳务支付的现金”项目

甲公司2021年11月为了购买原材料支付了含税价款共计21.80万元，支付上月应付原材料货款共7.36万元，本月预付材料货款4.88万元。这三项支出产生的现金流量需要记入“购买商品、接受劳务支付的现金”项目中，见表4-6。

“购买商品、接受劳务支付的现金”项目=21.80+7.36+4.88=34.04（万元）

表 4-6 购买商品、接受劳务支付的现金

| 项　目 | 行　次 | 金　额 |
|---|---|---|
| 一、经营活动产生的现金流量： | 1 | |
| 销售商品、提供劳务收到的现金 | 2 | 1 277 800.00 |
| 收到的税费返还 | 3 | — |
| 收到其他与经营活动有关的现金 | 4 | 2 950.00 |

续表

| 项　　目 | 行　　次 | 金　　额 |
|---|---|---|
| 经营活动现金流入小计 | 5 | — |
| 购买商品、接受劳务支付的现金 | 6 | 340 400.00 |

（5）“支付给职工以及为职工支付的现金”项目

支付给职工以及为职工支付的现金包括支付给职工的工资、奖金、津贴、劳动保险、社会保险、住房公积金和其他福利费。在核算时可以根据“应付职工薪酬”“应付福利费”“库存现金”和“银行存款”等会计科目确定。可能会涉及的计算公式：

“支付给职工以及为职工支付的现金”项目=生产成本+制造费用+管理费用中的职工薪酬+（“应付职工薪酬”科目年初余额-“应付职工薪酬”科目年末余额）-（计入在建工程的应付职工薪酬的年初余额-计入在建工程的应付职工薪酬的年末余额）

为什么这里要减去“（计入在建工程的应付职工薪酬的年初余额－计入在建工程的应付职工薪酬的年末余额）”这一部分呢？因为这部分表示企业当期支付的需要计入在建工程，且最终计入固定资产或无形资产账面价值的应付职工薪酬，这部分薪酬最终构成固定资产或无形资产，需要列示到投资活动产生的现金流量的“购建固定资产、无形资产、投资性房地产和其他长期资产所支付的现金”这一项目中。

**| 范例解析 |　填列“支付给职工以及为职工支付的现金”项目**

甲公司2021年11月向员工支付的工资以及福利费等共26.24万元，发生工会经费支出0.52万元，职工教育经费支出2.10万元。这些现金流量需要记入“支付给职工以及为职工支付的现金”项目中，见表4-7。

“支付给职工以及为职工支付的现金”项目=26.24+0.52+2.10=28.86（万元）

表 4-7 支付给职工以及为职工支付的现金

| 项　目 | 行　次 | 金　额 |
|---|---|---|
| 一、经营活动产生的现金流量: | 1 | |
| 销售商品、提供劳务收到的现金 | 2 | 1 277 800.00 |
| 收到的税费返还 | 3 | — |
| 收到其他与经营活动有关的现金 | 4 | 2 950.00 |
| 经营活动现金流入小计 | 5 | — |
| 购买商品、接受劳务支付的现金 | 6 | 340 400.00 |
| 支付给职工以及为职工支付的现金 | 7 | 288 600.00 |

（6）“支付的各项税费”项目

支付的各项税费是指当期实际缴纳各种税款产生的现金流出量，包括缴纳的前期税款、当期税款和预缴的税款。但要注意，计入资产价值的耕地占用税、契税和车辆购置税等，不计入该项目，而需要计入“购建固定资产、无形资产和其他长期资产支付的现金”项目中。

填列该项目时，可以根据“税金及附加”“应交税费”和“银行存款”等会计科目分析计算。

### | 范例解析 | 填列“支付的各项税费”项目

甲公司2021年11月支付上月增值税税款2.51万元，城市维护建设税0.13万元，教育费附加0.08万元，地方教育附加0.05万元，印花税0.72万元，企业所得税7.20万元，不涉及其他税费的缴纳。

甲公司缴纳这些税费时产生的现金流出量需要计入“支付的各项税费”项目中，见表4-8。

“支付的各项税费”项目=2.51+0.13+0.08+0.05+0.72+7.20=10.69（万元）

表 4-8 支付的各项税费

| 项　目 | 行　次 | 金　额 |
|---|---|---|
| 一、经营活动产生的现金流量： | 1 | |
| 销售商品、提供劳务收到的现金 | 2 | 1 277 800.00 |
| 收到的税费返还 | 3 | — |
| 收到其他与经营活动有关的现金 | 4 | 2 950.00 |
| 经营活动现金流入小计 | 5 | — |
| 购买商品、接受劳务支付的现金 | 6 | 340 400.00 |
| 支付给职工以及为职工支付的现金 | 7 | 288 600.00 |
| 支付的各项税费 | 8 | 106 900.00 |

（7）“支付其他与经营活动有关的现金”项目

支付其他与经营活动有关的现金主要包括罚款支出、差旅费支出、业务招待费支出和经营租赁支出等产生的现金流出量。在分析计算填列时可以借助“制造费用”“销售费用”“管理费用”和“营业外支出”等会计科目的账目数据。

在上述四个经营活动现金流出项目填列完成后，紧接着就可将这四个项目的现金流出量相加，计算填列“经营活动现金流出小计”项目。同时，要根据经营活动现金流入小计和经营活动现金流出小计，计算填列“经营活动产生的现金流量净额”项目。

（8）“收回投资收到的现金”项目

收回投资收到的现金主要是指短期股权、短期债权、长期股权、长期债权等投资的本金。注意，不包括这些投资产生的利息、收益，也不包括非现金资产。在分析该项目如何填列时，可以借助“短期投资”“长期股权投资”“长期债权投资”“库存现金”和“银行存款”等会计科目计算确定。用简单的计算公式反映为：

"收回投资收到的现金"项目=出售、转让或到期收回除现金等价物外的短期投资、长期股权投资收到的现金+收回长期债权投资本金收到的现金

**| 范例解析 |　填列"收回投资收到的现金"项目**

甲公司2021年11月订单激增，需要更多的周转资金用于购买材料。于是企业决定收回部分长期股权投资和长期债权投资，金额分别为20.00万元和12.00万元。这两项现金流入需要计入现金流量表投资活动的"收回投资收到的现金"项目中，见表4–9。

"收回投资收到的现金"项目=20.00+12.00=32.00（万元）

表 4–9　收回投资收到的现金

| 项　　目 | 行　　次 | 金　　额 |
|---|---|---|
| 二、投资活动产生的现金流量： | 12 | |
| 收回投资收到的现金 | 13 | 320 000.00 |

（9）"取得投资收益收到的现金"项目

取得投资收益收到的现金主要是指企业因为投资而收到的现金股利、利息和利润等，但不包括股票股利。在计算填列该项目时，可以依据"投资收益""库存现金"和"银行存款"等会计科目分析确定。简单地用计算公式表达为：

"取得投资收益收到的现金"项目=各种投资分得的现金股利、利润和利息之和

**| 范例解析 |　填列"取得投资收益收到的现金"项目**

甲公司2021年11月收到长期股权投资分派的现金股利6.85万元，债券利息收入2.40万元。这两项现金流入需要计入"取得投资收益收到的现金"

项目中，见表4-10。

“取得投资收益收到的现金”项目=6.85+2.40=9.25（万元）

表4-10 取得投资收益收到的现金

| 项目 | 行次 | 金额 |
|---|---|---|
| 二、投资活动产生的现金流量： | 12 | |
| 收回投资收到的现金 | 13 | 320 000.00 |
| 取得投资收益收到的现金 | 14 | 92 500.00 |

（10）“处置固定资产、无形资产和其他长期资产收回的现金净额”项目

处置固定资产、无形资产和其他长期资产是指将固定资产、无形资产和其他长期资产进行出售或报废处理，由此而获得的现金收入，在扣除了因为处置这些资产而发生的费用后，将余额作为该项目的现金流入净额。可用以下计算公式简单计算：

“处置固定资产、无形资产和其他长期资产收回的现金净额”项目=处置固定资产、无形资产和其他长期资产所得的现金-处置这些资产支付的有关费用+自然灾害造成这些资产损失收到的保险赔偿收入

**| 范例解析 | 处置一批电脑产生现金流量的填列**

甲公司2021年11月为了提高无纸化办公效率，处置了一批老旧的电脑，收到全部处置价款1.40万元，而在处置过程中发生了清理费用共计0.30万元。

针对该业务产生的现金流量，需要将其计入“处置固定资产、无形资产和其他长期资产收回的现金净额”项目中，见表4-11。

“处置固定资产、无形资产和其他长期资产收回的现金净额”项目=1.40−0.3=1.10（万元）

表 4-11　处置固定资产、无形资产和其他长期资产收回的现金净额

| 项　　目 | 行　　次 | 金　　额 |
| --- | --- | --- |
| 二、投资活动产生的现金流量： | 12 | |
| 收回投资收到的现金 | 13 | 320 000.00 |
| 取得投资收益收到的现金 | 14 | 92 500.00 |
| 处置固定资产、无形资产和其他长期资产收回的现金净额 | 15 | 11 000.00 |

另外，在现金流量表的投资活动产生的现金流入项目中，还有处置子公司及其他营业单位收到的现金净额以及收到其他与投资活动有关的现金，将这五个现金流入项目填列完毕后，接着就要计算并填列“投资活动现金流入小计”项目。

（11）购建固定资产、无形资产和其他长期资产支付的现金

购建固定资产、无形资产和其他长期资产支付的现金是指一次性付款支出的现金，如果是分期购建资产，则只有首期付款支出的现金计入该项目，以后期付款、利息资本化部分和融资租入资产的租赁费等需要在筹资活动的相关现金流项目中反映。

在填列该项目时，可以依据“固定资产”“在建工程”和“无形资产”等会计科目的账目分析计算确定。

### | 范例解析 |　购置厂房产生现金流量的填列

甲公司2021年11月新购置一栋厂房，付款108.00万元，同时缴纳契税4.32万元，另外还支付土地使用权费用35.00万元，这三项支出产生的现金流量需要计入“购建固定资产、无形资产和其他长期资产支付的现金”项目中，见表4-12。

“购建固定资产、无形资产和其他长期资产支付的现金”项目=108.00+4.32+35.00=147.32（万元）

表 4-12　购建固定资产、无形资产和其他长期资产支付的现金

| 项　　目 | 行　　次 | 金　　额 |
|---|---|---|
| 二、投资活动产生的现金流量： | 12 | |
| 收回投资收到的现金 | 13 | 320 000.00 |
| 取得投资收益收到的现金 | 14 | 92 500.00 |
| 处置固定资产、无形资产和其他长期资产收回的现金净额 | 15 | 11 000.00 |
| 处置子公司及其他营业单位收到的现金净额 | 16 | — |
| 收到其他与投资活动有关的现金 | 17 | — |
| 投资活动现金流入小计 | 18 | — |
| 购建固定资产、无形资产和其他长期资产支付的现金 | 19 | 1 473 200.00 |

（12）投资支付的现金

投资支付的现金指企业在进行股权性投资、债权性投资时支付的本金和佣金、手续费等附加费。在填列时，可以根据“长期股权投资”“长期债权投资”“持有至到期投资”“库存现金”和“银行存款”等会计科目分析计算确定。

**| 范例解析 |　填列“投资支付的现金”项目**

甲公司2021年11月以50.00万元持有乙公司10%的股权，因此形成公司的长期股权投资，不考虑相关手续费。该支出产生的现金流出50.00万元需要计入“投资支付的现金”项目中，见表4-13。

表 4-13　投资支付的现金

| 项　　目 | 行　　次 | 金　　额 |
|---|---|---|
| 二、投资活动产生的现金流量： | 12 | |
| 收回投资收到的现金 | 13 | 320 000.00 |

续表

| 项　　目 | 行　　次 | 金　　额 |
| --- | --- | --- |
| 取得投资收益收到的现金 | 14 | 92 500.00 |
| 处置固定资产、无形资产和其他长期资产收回的现金净额 | 15 | 11 000.00 |
| 处置子公司及其他营业单位收到的现金净额 | 16 | — |
| 收到其他与投资活动有关的现金 | 17 | — |
| 投资活动现金流入小计 | 18 | — |
| 购建固定资产、无形资产和其他长期资产支付的现金 | 19 | 1 473 200.00 |
| 投资支付的现金 | 20 | 500 000.00 |

另外，在现金流量表的投资活动现金流出项目中还有取得子公司及其他营业单位支付的现金净额以及支付其他与投资活动有关的现金。将这四个现金流出项目填列完毕后，接着就可以计算填列“投资活动现金流出小计”项目。

在填列好“投资活动现金流出小计”项目后，就可以结合“投资活动现金流入小计”项目，计算得出“投资活动产生的现金流量净额”项目。

（13）吸收投资收到的现金

吸收投资收到的现金主要是指企业发行股票、债券等的收入净值，即发行价扣除发行费用后的金额。而且，企业直接支付的审计和咨询等费用需要单独列示到“支付其他与筹资活动有关的现金”项目中。在填列“吸收投资收到的现金”项目时，可以根据“实收资本”“应付债券”“库存现金”和“银行存款”等会计科目分析核算。

**| 范例解析 |　填列“吸收投资收到的现金”项目**

甲公司2021年11月收到某股东追加的投资80.00万元，全部确认为实收资本。该现金流入项目需要计入“吸收投资收到的现金”项目中，见表4-14。

表4-14 吸收投资收到的现金

| 项　目 | 行　次 | 金　额 |
| --- | --- | --- |
| 三、筹资活动产生的现金流量： | 25 | |
| 吸收投资收到的现金 | 26 | 800 000.00 |

（14）取得借款收到的现金

取得借款收到的现金项目的核算比较简单，其包括的内容就是各种短期借款和长期借款，填列时，可根据“短期借款”“长期借款”“库存现金”和“银行存款”这些会计科目分析核算。

## | 范例解析 | 填列“取得借款收到的现金”项目

甲公司2021年11月向银行借款50.00万元，期限为一年，年利率为4.35%。该项借款产生的现金流入量需要计入“取得借款收到的现金”项目中，见表4-15。

表4-15 取得借款收到的现金

| 项　目 | 行　次 | 金　额 |
| --- | --- | --- |
| 三、筹资活动产生的现金流量： | 25 | |
| 吸收投资收到的现金 | 26 | 800 000.00 |
| 取得借款收到的现金 | 27 | 500 000.00 |

注意，案例中甲公司因为向银行借款而需要支付的利息不计入该项目，需另行计入“分配股利、利润或偿付利息支付的现金”项目。

对于企业的筹资活动现金流入项目，还有收到其他与筹资活动有关的现金，比如接受捐赠产生的现金流量。这三个筹资活动现金流入项目填列完毕后，接着就可以计算并填列“筹资活动现金流入小计”项目。

（15）偿还债务支付的现金

偿还债务支付的现金是指借款本金或发行债券本金等，不包括利息。填列该项目时，可以根据“短期借款”“长期借款”“应付债券”“库存现金”和“银行存款”等会计科目分析核算。

### | 范例解析 | 填列“偿还债务支付的现金”项目

2021年11月甲公司偿还前期向银行借款的30.00万元，由此产生的现金流出量需要计入“偿还债务支付的现金”项目中，见表4-16。

**表 4-16 偿还债务支付的现金**

| 项　　目 | 行　　次 | 金　　额 |
| --- | --- | --- |
| 三、筹资活动产生的现金流量： | 25 | |
| 吸收投资收到的现金 | 26 | 800 000.00 |
| 取得借款收到的现金 | 27 | 500 000.00 |
| 收到其他与筹资活动有关的现金 | 28 | — |
| 筹资活动现金流入小计 | 29 | — |
| 偿还债务支付的现金 | 30 | 300 000.00 |

（16）分配股利、利润或偿付利息支付的现金

分配股利、利润或偿付利息支付的现金就是指支付给其他单位的现金股利、利息或利润等。填列该项目时，可以根据“应付股利”“应付利息”“财务费用”“库存现金”和“银行存款”等科目分析核算。

### | 范例解析 | 填列“分配股利、利润或偿付利息支付的现金”项目

2021年11月甲公司向银行支付了借款利息共0.11万元，同时向股东们分派了12.25万元的现金股利。这两项筹资活动现金流出都要计入“分配股利、利润或偿付利息支付的现金”项目中，见表4-17。

“分配股利、利润或偿付利息支付的现金”项目=0.11+12.25=12.36（万元）

表 4-17 分配股利、利润或偿付利息支付的现金

| 项　目 | 行　次 | 金　额 |
|---|---|---|
| 三、筹资活动产生的现金流量: | 25 | |
| 吸收投资收到的现金 | 26 | 800 000.00 |
| 取得借款收到的现金 | 27 | 500 000.00 |
| 收到其他与筹资活动有关的现金 | 28 | — |
| 筹资活动现金流入小计 | 29 | — |
| 偿还债务支付的现金 | 30 | 300 000.00 |
| 分配股利、利润或偿付利息支付的现金 | 31 | 123 600.00 |

企业的筹资活动现金流出项目还有支付其他与筹资活动有关的现金，如前面提到过的因发行股票、债券等直接支付的审计费和咨询费等。填列好这三个筹资活动现金流出项目后，就可以计算填列"筹资活动现金流出小计"项目，进而就可以结合"筹资活动现金流入小计"项目，计算填列"筹资活动产生的现金流量净额"项目。

其他未详细说明的现金流量表项目已经在本章 4.1.1 节中做了相关说明，其填列规则比较简单，这里不再赘述。

### 4.2.4 现金流量表填列时的易错点

现金流量表的填列非常复杂，稍有不慎就可能填列错误。为了尽可能地规避错误，财会人员就需要了解并掌握填列现金流量表的易错点。

（1）将现金及现金等价物不同形式之间的转换作为现金流量填列

现金及现金等价物之间不同表现形式的相互转化不应该确认为企业的现金流量。比如，出纳人员从企业的银行账户中提取现金，作为备用金使用，这时只是现金以银行存款的方式转换成了库存现金的方式，不能确认有现金流量变动。

（2）没有考虑销售退回的情况

在填列“销售商品、提供劳务收到的现金”项目时，没有考虑销售退回的情况。如果企业的销售业务发生了销售退回，则退回部分对应的现金流量应从该项目中扣除。

同理，在填列“购买商品、接受劳务收到的现金”项目时，没有考虑购货退回的情况。正确的做法是将购货退回的价款从整个购货支付的现金中扣除，以余额填列到该项目中。

（3）增值税涉及的现金流量核算不正确

对于一般纳税人来说，增值税有进项税额和销项税额两种。进项税额是企业需要在采购时连同商品价款一起付给供应商的款项，因此，它计入经营活动现金流出项目中的“支付的各项税费”项目。而销项税额是企业在销售商品或提供劳务时向客户收取的增值税税款，因此，它要计入经营活动现金流入项目中的“收到的税费返还”项目。

另外，如果企业当期核算的增值税销项税额中还存在有视同销售业务产生的销项税额，则在计算填列“收到的税费返还”项目时，要将这部分税额从所有销项税额中扣除，然后再以余额填列到项目中。换句话说，视同销售业务产生的销项税额不确认现金流量。

无论是增值税还是其他税种，在涉及现金流量时都要以实际缴纳的税款数额填列到现金流量表的相关项目中。

（4）处置固定资产、无形资产和其他长期资产时没有以净额填列

从“处置固定资产、无形资产和其他长期资产收回的现金净额”项目的名称就可以看出，该现金流入项目需要根据处置的现金净额填列，而不是单纯地以处置收入填列。

（5）融资租入固定资产支付的融资租赁费填列错误

融资租入固定资产实际上是一种筹资行为，因此，在编制现金流量表时，融资租入固定资产支付的融资租赁费用应计入筹资活动现金流出项目中的"支付其他与筹资活动有关的现金"项目，而不是计入投资活动现金流出项目中的"购建固定资产、无形资产和其他长期资产支付的现金"项目。

（6）吸收投资过程中发生的各项费用支出的填列不正确

企业在发行股票、债券等吸收投资的过程中发生的佣金、手续费、公证费、宣传费和印刷费等，不能与吸收投资收到的本金一同计入"吸收投资收到的现金"项目中，而应计入"支付其他与筹资活动有关的现金"项目。

同理，"偿还债务支付的现金"项目只核算企业偿还股票、债券和借款等本金，不包括分配的股利、利润和偿付的利息，这些股利、利润和利息需要在"分配股利、利润或偿付利息支付的现金"项目中反映。另外，利息资本化的部分也需要计入"分配股利、利润或偿付利息支付的现金"项目，不计入"购建固定资产、无形资产和其他长期资产支付的现金"项目。

## 4.3 工作中现金流量表的运用

现金流量表在工作中的运用主要是进行各种经营情况分析，如现金流量构成分析和偿债能力分析等。

### 4.3.1 企业现金流量及其构成分析

与资产负债表和利润表不同的是，现金流量表是以收付实现制为编制基础，反映企业在一定时期内现金收入和现金支出情况的报表。对企业现金流量进行分析，有助于企业客观、科学地评价自身的财务状况和经营业绩。具体分析时可以从以下几个方面入手：

◆ 经营活动产生的现金流量分析

从这个方面入手，需要分析“销售商品、提供劳务收到的现金”和“购进商品、接受劳务支付的现金”项目，要对这两个项目进行比较。正常经营、购销平衡的经营情况下，这两个项目的比较很有意义。如果前者与后者相比，比率大，说明企业销售利润大，资金回笼良好，创现能力强。

还要将销售商品、提供劳务收到的现金与经营活动流入小计做比较，可大致反映企业产品销售现款占经营活动流入总额的比重大小。如果比率大，说明企业主营业务突出，营销状况良好。

将当期的经营活动现金流量净额与上一期进行比较，增长率越高，说明企业的成长性越好，创现能力在不断增强。

◆ 投资活动产生的现金流量分析

从这个方面分析，需要结合企业经营所处的阶段。比如，当企业处于初创期或开发新的利润增长点时，需要投入大量资金，此时在现金流量表中就可能表现为投资活动产生的现金流入总量无法补偿现金流出总量，投资活动现金流量净额就会表现为负数。

如果企业处于成长期或成熟期，投资有效且不断收到投资回报，产生的投资活动现金流入量就可以用于偿还债务，创造收益，此时现金流量表中投资活动现金流量净额就会表现为正数。

所以，不要一看到投资活动产生的现金流量净额为负数，就认为企业的经营一定出现了问题。

◆ 筹资活动产生的现金流量分析

通常，企业筹资活动产生的现金净流量越大，企业面临的偿债压力也会越大，但是如果筹资活动现金净流入量主要来源于企业吸收权益性资本，就另当别论了，此时不仅不会面临大的偿债压力，反而说明企业的资金实力雄厚。

所以，在分析筹资活动产生的现金流量时，重点分析吸收投资收到的现金与筹资活动现金流入小计的比值，比率越大，说明企业的权益性资本越多，资金实力强劲，面临的财务风险越低。

◆ 现金流量构成分析

在分析企业的现金流量构成时，先要从三种活动的现金流入占现金总流入的比重进行分析，了解企业现金的主要来源。具体是分别计算经营活动现金流入总额、投资活动现金流入总额和筹资活动现金流入总额占现金总流入的比重。一般来说，经营活动现金流入总额占比较大的企业，经营状况良好，财务风险较低，现金流入结构比较合理。而投资活动或筹资活动占比较大的企业，其现金流入结构就不太合理，如果出现这样的情况，经营者就需要做出相应的经营决策，以改变现金流入结构，使其更合理。

分析现金流量构成时还需要从三种活动的现金流出占现金总流出的比重，了解企业的现金主要用在了哪些方面。理论上来说，经营活动现金流出总量占比大的企业，其生产经营状况比较正常，现金流出结构比较合理。

## 4.3.2 现金流量表与其他报表的关联

通俗地讲，现金流量表所反映的现金流量情况，是资产负债表项目和利润表项目中属于现金业务的那部分。结合资产负债表和现金流量表，可以分析企业的偿债能力和支付能力；结合利润表和现金流量表可以分析企业的盈利能力和变现能力。

（1）现金流量表和资产负债表

通过资产负债表计算企业的流动比率，看企业的短期偿债能力。此时不能单纯地通过流动比率的大小来判断，否则判断结果会不准确。可以借助现金流量表中经营活动产生的现金流量净额，来了解企业的流动性资产中现金及现金等价物是否占较大比例，如果流动比率大，且经营活动产生的现金流量净额较大，则能进一步说明企业的短期偿债能力较强。

将现金流量表中的现金及现金等价物期末余额与流动负债相比，可以反映企业直接支付债务的能力。具体的财务指标将在本书第7章详细介绍。

（2）现金流量表和利润表

利润表的编制基础是权责发生制，因此利润表反映的当期盈利很可能还没有真正收到相关收益，因此经营者只看利润表时很可能对企业当前的盈利状况做出错误的判断。此时可以借助现金流量表中的经营活动现金净流量来看企业的盈利能力。

通过经营活动现金净流量与净资产的比值，可以进一步确定企业投资者投入资本创现的能力，更准确地反映企业的盈利能力。比值越高，创现能力越强，盈利能力也就越强。

另外，直接将经营活动现金流量净额与利润表中的净利润对比，可以在一定程度上反映企业利润的质量，即企业每实现一元的账面利润中，有多少是现金表现出来的，很显然，比值越高，利润质量越高。但需要说明的是，这一指标只有在企业正常经营、既能创造利润又能获取现金净流量的情况下才有意义。

还有，将销售商品、提供劳务收到的现金与利润表反映的主营业务收入对比，可反映企业销售回收现金的情况，进而反映销售质量。比值越高，说明销售收入实现后增加的资产转换成现金的速度越快，创现能力越强。

由此可见，现金流量表与资产负债表和利润表之间是息息相关的，工作中财会人员要做好分析对比，进而为做出正确的经营管理决策提供依据。

# 第5章

## 解读所有者权益变动表识破权益变化

所有者权益变动表是一张全面反映企业一定时期所有者权益变动情况的财务报表，通过该报表能清楚知道所有者权益总量的增减变动情况，以及所有者权益变动过程中一些重要的结构性信息。尤其是企业的投资者，会很看重所有者权益表的正确性。本章就来看看如何解读和编制所有者权益变动表。

# 5.1 所有者权益变动表的结构及内容

所有者权益变动表体现着一个企业内部投资者（或所有者）的实力以及权益的变动情况，掌握所有者权益变动表，有利于管理者做出准确的经营决策和投融资决策。要掌握该报表，应该从其内容及结构入手。

## 5.1.1 所有者权益变动表的纵横结构

比起资产负债表中的所有者权益类项目，所有者权益变动表中的项目要丰富得多，也是对资产负债表的相关内容起到一个充分的补充说明作用。

看所有者权益变动表，不难发现，该表格呈纵横结构。横向主要列示企业实收资本、其他权益工具、资本公积、库存股、其他综合收益、专项储备、盈余公积、未分配利润和所有者权益合计等项目的本年金额和上年金额。这些项目又是资产负债表中所有者权益部分需要列示的项目。

纵向主要列示引起企业所有者权益变动的各个因素性项目，如所有者投入和减少资本、所有者投入的普通股、提取盈余公积以及所有者权益内部结转等。

**知识延伸｜权益工具和其他权益工具**

权益工具是金融工具中形成股权的一类工具，是指拥有的某个企业在扣除所有负债后的资产中的剩余权益。所有者权益变动表中的“其他权益工具”主要是指优先股和永续债，优先股是享有优先权的股票，这里的优先权只体现在对公司资产、利润分配等方面的优先权；永续债即永续债券，也称无期债券，是非金融企业（发行人）在银行间债券市场注册发行的无固定期限、内含发行人赎回权的债券。

通过横向列示的项目数据，我们可以掌握企业所有者权益总量的增减变动情况，而通过纵向列示的项目数据，则可以了解企业所有者权益增减变动的重要结构性信息。如图 5-1 和图 5-2 所示的就是财政部相关文件中提供的所有者权益变动表格式，分别适用于已经执行新收入准则、新金融准则和新租赁准则以及尚未执行新收入准则、新金融准则和新租赁准则的情况。

所有者权益变动表

编制单位： 年度 会企04表

金额单位：元

| 项目 | 本年金额 | | | | | | | | | | | | 上年金额 | | | | | | | | | | | |
|---|---|---|---|---|---|---|---|---|---|---|---|---|---|---|---|---|---|---|---|---|---|---|---|---|
| | 实收资本（或股本） | 其他权益工具 | | | 资本公积 | 减：库存股 | 其他综合收益 | 专项储备 | 盈余公积 | 未分配利润 | 所有者权益合计 | | 实收资本（或股本） | 其他权益工具 | | | 资本公积 | 减：库存股 | 其他综合收益 | 专项储备 | 盈余公积 | 未分配利润 | 所有者权益合计 | |
| | | 优先股 | 永续债 | 其他 | | | | | | | | | | 优先股 | 永续债 | 其他 | | | | | | | | |
| 一、上年年末余额 | | | | | | | | | | | | | | | | | | | | | | | | |
| 加：会计政策变更 | | | | | | | | | | | | | | | | | | | | | | | | |
| 前期差错更正 | | | | | | | | | | | | | | | | | | | | | | | | |
| 其他 | | | | | | | | | | | | | | | | | | | | | | | | |
| 二、本年年初余额 | | | | | | | | | | | | | | | | | | | | | | | | |
| 三、本期增减变动金额（减少以“-”号填列） | | | | | | | | | | | | | | | | | | | | | | | | |
| （一）综合收益总额 | | | | | | | | | | | | | | | | | | | | | | | | |
| （二）所有者投入和减少资本 | | | | | | | | | | | | | | | | | | | | | | | | |
| 1. 所有者投入的普通股 | | | | | | | | | | | | | | | | | | | | | | | | |
| 2. 其他权益工具持有者投入资本 | | | | | | | | | | | | | | | | | | | | | | | | |
| 3. 股份支付计入所有者权益的金额 | | | | | | | | | | | | | | | | | | | | | | | | |
| 4. 其他 | | | | | | | | | | | | | | | | | | | | | | | | |
| （三）利润分配 | | | | | | | | | | | | | | | | | | | | | | | | |
| 1. 提取盈余公积 | | | | | | | | | | | | | | | | | | | | | | | | |
| 2. 对所有者（或股东）的分配 | | | | | | | | | | | | | | | | | | | | | | | | |
| 3. 其他 | | | | | | | | | | | | | | | | | | | | | | | | |
| （四）所有者权益内部结转 | | | | | | | | | | | | | | | | | | | | | | | | |
| 1. 资本公积转增资本（或股本） | | | | | | | | | | | | | | | | | | | | | | | | |
| 2. 盈余公积转增资本（或股本） | | | | | | | | | | | | | | | | | | | | | | | | |
| 3. 盈余公积弥补亏损 | | | | | | | | | | | | | | | | | | | | | | | | |
| 4. 设定受益计划变动额结转留存收益 | | | | | | | | | | | | | | | | | | | | | | | | |
| 5. 其他综合收益结转留存收益 | | | | | | | | | | | | | | | | | | | | | | | | |
| 6. 其他 | | | | | | | | | | | | | | | | | | | | | | | | |
| 四、本年年末余额 | | | | | | | | | | | | | | | | | | | | | | | | |

**图 5-1 所有者权益变动表**（适用于已执行新收入准则、新金融准则和新租赁准则）

所有者权益变动表

编制单位： 年度 会企04表

金额单位：元

| 项目 | 本年金额 | | | | | | | | | | | | 上年金额 | | | | | | | | | | | |
|---|---|---|---|---|---|---|---|---|---|---|---|---|---|---|---|---|---|---|---|---|---|---|---|---|
| | 实收资本（或股本） | 其他权益工具 | | | 资本公积 | 减：库存股 | 其他综合收益 | 专项储备 | 盈余公积 | 未分配利润 | 所有者权益合计 | | 实收资本（或股本） | 其他权益工具 | | | 资本公积 | 减：库存股 | 其他综合收益 | 专项储备 | 盈余公积 | 未分配利润 | 所有者权益合计 | |
| | | 优先股 | 永续债 | 其他 | | | | | | | | | | 优先股 | 永续债 | 其他 | | | | | | | | |
| 一、上年年末余额 | | | | | | | | | | | | | | | | | | | | | | | | |
| 加：会计政策变更 | | | | | | | | | | | | | | | | | | | | | | | | |
| 前期差错更正 | | | | | | | | | | | | | | | | | | | | | | | | |
| 其他 | | | | | | | | | | | | | | | | | | | | | | | | |
| 二、本年年初余额 | | | | | | | | | | | | | | | | | | | | | | | | |
| 三、本期增减变动金额(减少以“-”号填列) | | | | | | | | | | | | | | | | | | | | | | | | |
| （一）综合收益总额 | | | | | | | | | | | | | | | | | | | | | | | | |
| （二）所有者投入和减少资本 | | | | | | | | | | | | | | | | | | | | | | | | |
| 1. 所有者投入的普通股 | | | | | | | | | | | | | | | | | | | | | | | | |
| 2. 其他权益工具持有者投入资本 | | | | | | | | | | | | | | | | | | | | | | | | |
| 3. 股份支付计入所有者权益的金额 | | | | | | | | | | | | | | | | | | | | | | | | |
| 4. 其他 | | | | | | | | | | | | | | | | | | | | | | | | |
| （三）利润分配 | | | | | | | | | | | | | | | | | | | | | | | | |
| 1. 提取盈余公积 | | | | | | | | | | | | | | | | | | | | | | | | |
| 2. 对所有者（或股东）的分配 | | | | | | | | | | | | | | | | | | | | | | | | |
| 3. 其他 | | | | | | | | | | | | | | | | | | | | | | | | |
| （四）所有者权益内部结转 | | | | | | | | | | | | | | | | | | | | | | | | |
| 1. 资本公积转增资本（或股本） | | | | | | | | | | | | | | | | | | | | | | | | |
| 2. 盈余公积转增资本（或股本） | | | | | | | | | | | | | | | | | | | | | | | | |
| 3. 盈余公积弥补亏损 | | | | | | | | | | | | | | | | | | | | | | | | |
| 4. 设定受益计划变动额结转留存收益 | | | | | | | | | | | | | | | | | | | | | | | | |
| 5. 其他 | | | | | | | | | | | | | | | | | | | | | | | | |
| 四、本年年末余额 | | | | | | | | | | | | | | | | | | | | | | | | |

**图 5-2 所有者权益变动表**（适用于尚未执行新收入准则、新金融准则和新租赁准则）

对比两张表格可以发现，格式上没有太大的差别，只是在“所有者权益内部结转”部分，适用于已执行新收入准则、新金融准则和新租赁准则的报表中多了一项“其他综合收益结转留存收益”。

### 5.1.2 所有者权益变动表的主要内容

了解所有者权益变动表的内容，下面从纵横方向来逐一认识。

（1）横向内容

企业所有者权益变动表横向的项目主要是资产负债表中的所有者权益类项目，它们的含义见表 5-1。

**表 5-1 所有者权益变动表项目（横向）**

| 项 目 | 含 义 |
|---|---|
| 实收资本（或股本） | 实收资本指企业实际收到的投资者投入的资本，是企业注册登记的法定资本总额的来源。按照投资主体的不同，可以分为国家资本、集体资本、法人资本、个人资本和外商资本等 |
| 其他权益工具 | 其他权益工具核算的是企业发行的除普通股以外的归类为权益工具的各种金融工具 |
| 资本公积 | 资本公积指企业在经营过程中由于接受捐赠、股本溢价以及法定财产重估增值等形成的公积金。简单来说资本公积是投资者或他人投入到企业、所有权归属于投资者且投入金额超过法定资本部分的资本，与企业的收益无关，而与企业的资本相关 |
| 库存股 | 库存股指已经公开发行的股票被发行公司通过购入、赠予或其他方式重新获得，可再行出售或注销的股票。这类股票既不分配股利，也不附投票权，它以负数形式列为一项股东权益，借方表示增加，贷方表示减少，属于所有者权益的备抵项 |
| 其他综合收益 | 其他综合收益指企业根据其他会计准则规定未在当期损益中确认的各项利得和损失，计算时应扣除所得税的影响 |
| 专项储备 | 专项储备用于核算高危行业企业按照规定提取的安全生产费以及维持简单再生产费用等具有类似性质的费用 |
| 盈余公积 | 盈余公积是企业从税后利润中提取形成的、存留于企业内部、具有特定用途的收益积累，包括法定盈余公积、任意盈余公积和法定公益金 |

续表

| 项　目 | 含　义 |
| --- | --- |
| 未分配利润 | 未分配利润是企业留待以后年度分配或待分配的利润，通俗地讲，就是企业实现的净利润经过弥补亏损、提取盈余公积和向投资者分配利润后留存在企业的、历年结存的利润 |
| 所有者权益合计 | 这里的所有者权益合计是前述项目的合计数额 |

所有者权益变动表的横向内容在填列时，需要分别填列本年金额和上年金额，因此，横向关于这些项目有两个栏次，即“本年金额”栏和“上年金额”栏。

（2）纵向内容

所有者权益变动表的纵向项目可以简单理解为所有者权益的来源与分配明细。各项目的含义见表 5-2。

表 5-2　所有者权益变动表项目（纵向）

| 项　目 | 含　义 |
| --- | --- |
| 上年年末余额 | 该行用于填列各横向项目的上年年末余额 |
| 会计政策变更 | 会计政策变更指企业对相同的交易或事项由原来采用的会计政策改用另一会计政策的行为，所以该行填列的就是因为会计政策的变更对横向各项目的影响数额 |
| 前期差错更正 | 主要是对前期差错进行更正的数据，包括计算错误、应用会计政策错误、疏忽或曲解事实和舞弊产生的影响，以及存货与固定资产盘盈等差错的更正 |
| 本年年初余额 | 该行用于填列经考虑会计政策变更的影响和对前期差错的更正后横向各项目的年初数额 |
| 本期增减变动金额 | 该行主要汇总填列综合收益总额、所有者投入和减少资本、利润分配和所有者权益内部结转的总计数额 |
| 综合收益总额 | 该项目反映企业净利润与其他综合收益的合计金额 |

续表

| 项　目 | 含　义 |
|---|---|
| 所有者投入和减少资本 | 该项目汇总计算所有者投入的普通股、其他权益工具持有者投入资本、股份支付计入所有者权益的金额以及其他需要确认为所有者投入或减少资本的项目的合计数 |
| 所有者投入的普通股 | 该项目反映投资者投资于普通股股票的资金 |
| 其他权益工具持有者的投入资本 | 该项目反映企业发行的除普通股以外分配为权益工具的金融工具的持有者投入资本的金额 |
| 股份支付计入所有者权益的金额 | 该项目反映企业职工或其他方以股份支付的方式投入企业的、需要计入所有者权益的资金 |
| 利润分配 | 该项目反映企业对经营获取的利润进行的分配，在报表中主要是汇总计算提取盈余公积、对所有者（或股东）的分配以及其他分配的合计金额 |
| 提取盈余公积 | 核算企业当期（或当年）提取的盈余公积，包括法定盈余公积、任意盈余公积和法定公益金 |
| 对所有者（或股东）的分配 | 核算企业当期（或当年）向所有者分配的利润 |
| 所有者权益内部结转 | 该项目反映企业的所有者权益内部各项目之间的结转情况 |
| 资本公积转增资本（或股本） | 该项目反映转增为资本（或股本）的资本公积的数额，转增的同时，资本公积减少，资本（或股本）等额增加 |
| 盈余公积转增资本（或股本） | 该项目反映转增为资本（或股本）的盈余公积的数额，转增的同时，盈余公积减少，资本（或股本）等额增加 |
| 盈余公积弥补亏损 | 该项目反映用来弥补亏损的盈余公积的数额 |
| 设定受益计划变动额结转留存收益 | 该项目反映除了设定提存计划以外的离职后福利计划产生的变动额结转到留存收益的金额，设定受益计划即指除设定提存计划以后的离职后福利计划 |

续表

| 项目 | 含义 |
| --- | --- |
| 其他综合收益结转留存收益 | 该项目主要反映两个内容，一是企业指定为以公允价值计量且其变动计入其他综合收益的非交易性权益工具投资终止确认时，之前计入其他综合收益的累计利得或损失从其他综合收益中转入留存收益的金额；二是企业指定为以公允价值计量且其变动计入当期损益的金融负债终止确认时，之前由企业自身信用风险变动引起而计入其他综合收益的累计利得或损失从其他综合收益中转入留存收益的金额等 |
| 本年年末余额 | 该行填列横向各项目的年末余额 |

# 5.2 所有者权益变动表的编制与填列

所有者权益变动表是全面反映企业所有者权益变动情况以及变动构成的报表，经营管理者需要熟知该报表的编制工作和具体的填列规则，以便更好地掌握企业的所有者权益概况。

## 5.2.1 所有者权益变动表的编制规则

所有者权益变动表的编制也要遵循一定的规则，以提高报表的编制速度和效率。

◆ 各项目均需填列“本年金额”和“上年金额”两栏

本年度所有者权益变动表的“上年金额”栏内的各项数字，应根据企业上一年度所有者权益变动表的“本年金额”栏内所列示的数据填列。如果上一年度所有者权益变动表规定的各项目名称和内容与本年度的不一致，则应先对上一年度所有者权益变动表各项目的名称和数字按照本年度的规定进行调整，再将调整后的数据填入本年度所有者权益变动表的“上年金额”

栏内。

本年度所有者权益变动表的“本年金额”栏内的各项目数字一般根据本年度“实收资本”“资本公积”“盈余公积”“利润分配”“库存股”和“以前年度损益调整”科目的发生额分析填列。

◆ 纵向项目的填列

所有者权益变动表的纵向各项目，需要根据企业所有者权益的明细账目进行分析填列，分别对应横向各项目。

比如，纵向的“所有者投入的普通股”项目，其金额有可能一部分计入实收资本，一部分计入资本公积。因此，“所有者投入的普通股”项目与横向“实收资本”项目交叉的那个格子中就填入所有者投入的普通股确认为实收资本的金额，而“所有者投入的普通股”项目与横向“资本公积”项目交叉的那个格子中就填入所有者投入的普通股确认为资本公积的金额。

需要注意的是，并不是所有的纵向项目都会对应多个横向项目。比如，纵向的“资本公积转增资本（或股本）”项目，转增的金额数据需要填入“资本公积转增资本（或股本）”项目与横向“实收资本”项目交叉的那个格子中，此时不再涉及其他项目。又比如，纵向的“盈余公积转增资本（或股本）”项目，转增的金额数据需要填入“盈余公积转增资本（或股本）”项目与横向“实收资本”项目交叉的那个格子中，也不再涉及其他项目。

但是，纵向各项目的“上年金额”栏内的数据就不需要再分析填列，直接按照前述规定誊抄上一年度所有者权益变动表中的“本年金额”栏内的数据即可。

由此可见，所有者权益变动表的编制要结合纵横方向项目之间的关系进行分析填列。同时，还要借助企业上一年度的所有者权益变动表数据进行相应的誊写，而且涉及项目名称和数字有不同的，还需要进行相关调整后才能誊抄。

## 5.2.2 了解所有者权益变动表各项目如何填列

所有者权益变动表中，各项目之间的数据存在一定的联系，需要一步一步、逐一填列，这样才不容易出错。本节就以某公司 2020 年年报为例，介绍所有者权益变动表各项目的填列。

（1）先誊抄上一年度的数据

在所有者权益变动表中，横向需要填列两栏内容，其中一栏就是“上年金额”栏，按照规定直接誊抄。

### | 范例解析 | 誊抄2019年的所有者权益数据

2020年末某公司财会人员在编制所有者权益变动表时，先将右侧“上年金额”栏的数字进行誊抄，如图5-3所示。

所有者权益变动表

会企04表

编制单位： 金额单位：元

| 项目 | 上年金额 | | | | | | | | | | | | | |
|---|---|---|---|---|---|---|---|---|---|---|---|---|---|---|
| | 归属于母公司所有者权益 | | | | | | | | | | | | 少数股东权益 | 所有者权益合计 |
| | 股本 | 其他权益工具 | | | 资本公积 | 减：库存股 | 其他综合收益 | 专项储备 | 盈余公积 | 一般风险准备 | 未分配利润 | 小计 | | |
| | | 优先股 | 永续债 | 其他 | | | | | | | | | | |
| 一、上年年末余额 | 1 041 399 718.00 | | | | 1 247 215 783.98 | | 26 586.61 | | 1 047 860 459.74 | | 16 445 497 275.42 | 19 781 999 823.75 | 140 489 639.94 | 19 922 489 463.69 |
| 加：会计政策变更 | | | | | | | (30 920 221.53) | | 9 423 733.39 | | 115 733 822.03 | 94 237 333.89 | | 94 237 333.89 |
| 前期差错更正 | | | | | | | | | | | | | | |
| 同一控制下企业合并 | | | | | 19 820 989 933.03 | | 31 847 234.69 | | | 559 331.33 | 26 662 251.29 | 19 880 058 750.34 | 203 177 438.73 | 20 083 236 189.07 |
| 其他 | | | | | | | | | | | | | | |
| 二、本年年初余额 | 1 041 399 718.00 | | | | 21 068 205 717.01 | | 953 599.77 | | 1 057 284 193.13 | 559 331.33 | 16 587 893 348.74 | 39 756 295 907.98 | 343 667 078.67 | 40 099 962 986.65 |
| 三、本期增减变动金额（减少以“-”号填列） | 236 003 599.00 | | | | (3 648 145 304.95) | | (4 093 473.17) | | 355 297 918.32 | (559 331.33) | 1 243 297 937.15 | (1 818 198 654.98) | (181 856 494.74) | (2 000 055 149.72) |
| （一）综合收益总额 | | | | | | | (4 093 473.17) | | | | 4 183 727 553.32 | 4 179 634 080.15 | (10 664 750.77) | 4 168 969 329.38 |
| （二）所有者投入和减少资本 | 236 003 599.00 | | | | (3 648 145 304.95) | | | | | | | (3 412 141 705.95) | 30 450 000.00 | (381 691 705.95) |
| 1. 所有者投入的普通股 | 236 003 599.00 | | | | (3 691 089 858.24) | | | | | | | (3 455 086 259.24) | 30 450 000.00 | (3 424 636 259.24) |
| 2. 其他权益工具持有者投入资本 | | | | | | | | | | | | | | |
| 3. 股份支付计入所有者权益的金额 | | | | | 42 944 553.29 | | | | | | | 42 944 553.29 | | 42 944 553.29 |
| 4. 其他 | | | | | | | | | | | | | | |
| （三）利润分配 | | | | | | | | | 355 297 918.32 | | (2 940 429 616.17) | | | |
| 1. 提取盈余公积 | | | | | | | | | 355 297 918.32 | | (355 297 918.32) | | | |
| 2. 提取一般风险准备 | | | | | | | | | | | | | | |
| 3. 对所有者（或股东）的分配 | | | | | | | | | | | (2 585 131 697.85) | (2 585 131 697.85) | | (2 585 131 697.85) |
| 4. 其他 | | | | | | | | | | | | | | |
| （四）所有者权益内部结转 | | | | | | | | | | | | | | |
| 1. 资本公积转增资本（或股本） | | | | | | | | | | | | | | |
| 2. 盈余公积转增资本（或股本） | | | | | | | | | | | | | | |
| 3. 盈余公积弥补亏损 | | | | | | | | | | | | | | |
| 4. 设定受益计划变动额结转留存收益 | | | | | | | | | | | | | | |
| 5. 其他综合收益结转留存收益 | | | | | | | | | | | | | | |
| 6. 其他 | | | | | | | | | | | | | | |
| （五）专项储备 | | | | | | | | | | | | | | |
| （六）其他 | | | | | | | | | | (559 331.33) | | (559 331.33) | (201 641 743.97) | (202 201 075.30) |
| 四、本年年末余额 | 1 277 403 317.00 | | | | 17 420 060 412.06 | | (3 139 873.40) | | 1 412 582 111.45 | | 17 831 191 285.89 | 37 938 097 253.00 | 161 810 583.93 | 38 099 907 836.93 |

图 5-3 誊抄“上年金额”栏数据

由于数据内容较多，这里展示的只是所有者权益变动表“上年金额”栏的相关数据。在会计电算化工作中，由财务系统自动从上一年所有者权益变动表中提取数据。

（2）填列“本年金额”栏的“上年年末余额”行

本年度所有者权益变动表“本年金额”栏的“上年年末余额”行数据，直接誊抄报表右侧“上年金额”栏对应的“本年年末余额”行的数据。

**| 范例解析 |　誊抄2019年年末余额数据**

“上年金额”栏数据填列完毕后，公司财会人员接着将“上年金额”栏中“本年年末余额”数据填列到“本年金额”栏的“上年年末余额”行，具体的对应关系见表5-3。

**表 5-3　抄写 2019 年年末余额数据**

| 项　　目 | “上年年末余额”行数据（元） |
| --- | --- |
| 股本 | 1 277 403 317.00 |
| 资本公积 | 17 420 060 412.06 |
| 其他综合收益 | −3 139 873.40 |
| 盈余公积 | 1 412 582 111.45 |
| 未分配利润 | 17 831 191 285.89 |
| 小计 | 37 938 097 253.00 |
| 少数股东权益 | 161 810 583.93 |
| 所有者权益合计 | 38 099 907 836.93 |

对比图5-3中的“本年年末余额”行数据与表5-3中的“上年年末余额”行数据可以看到，两者完全相同。

会计政策变更、前期差错更正等调整项目在本章 5.1.2 节的内容中已经解释过，这里不再赘述。填列这些项目时，按照影响金额填入对应的栏次中，由于案例中的公司 2020 年不存在这些调整项，这里就不再举例说明。

（3）填列“本年金额”栏的“本年年初余额”行

在所有者权益变动表中，无论是“本年金额”栏还是“上年金额”栏，其“本年年初余额”行的数据都要通过计算得到，计算公式为：

“本年年初余额”项目=上年年末余额+会计政策变更+前期差错更正+同一控制下企业合并+其他

注意，上述公式中的项目，如果其数值为负数，则计算公式中的“+”号对应变成“-”号。

## | 范例解析 | 计算填列2020年年初余额

2020年公司没有发生会计政策变更，也不存在前期差错更正和同一控制下企业合并的影响。因此，2020年年初余额直接誊抄2019年年末余额，见表5-4。

表 5-4 填列 2020 年年初余额数据

| 项　　目 | “本年年初余额”行数据（元） |
| --- | --- |
| 股本 | 1 277 403 317.00 |
| 资本公积 | 17 420 060 412.06 |
| 其他综合收益 | −3 139 873.40 |
| 盈余公积 | 1 412 582 111.45 |
| 未分配利润 | 17 831 191 285.89 |
| 小计 | 37 938 097 253.00 |
| 少数股东权益 | 161 810 583.93 |
| 所有者权益合计 | 38 099 907 836.93 |

（4）分析填列“资本公积”项目

企业所有者向企业普通股投入资金，或者其他权益工具持有者向企业投入资本，以及企业因为股份支付而需要计入所有者权益的部分，都可能引起资本公积的变化，因此对应就需要填列“资本公积”的增减变动。

## | 范例解析 | 分析填列“资本公积”项目

2020年公司因为所有者追加投入资本到普通股中而增加的资本公积共118 324 329.70元，因股份支付计入所有者权益的部分要确认增加资本公积104 622 721.96元，还有归类到纵向“其他”项目中的部分要确认增加资本公积12 337 143.83元。填列效果如图5-4所示。

单位：元

| 项　目 | 股本 | 其他权益工具 | | | 资本公积 | 减：库存股 |
|---|---|---|---|---|---|---|
| | | 优先股 | 永续债 | 其他 | | |
| 一、上年年末余额 | 1 277 403 317.00 | | | | 17 420 060 412.06 | |
| 加：会计政策变更 | | | | | | |
| 前期差错更正 | | | | | | |
| 同一控制下企业合并 | | | | | | |
| 其他 | | | | | | |
| 二、本年年初余额 | 1 277 403 317.00 | | | | 17 420 060 412.06 | |
| 三、本期增减变动金额（减少以“-”号填列） | | | | | | |
| （一）综合收益总额 | | | | | | |
| （二）所有者投入和减少资本 | | | | | | |
| 1. 所有者投入的普通股 | | | | | 118 324 329.70 | |
| 2. 其他权益工具持有者投入资本 | | | | | | |
| 3. 股份支付计入所有者权益的金额 | | | | | 104 622 721.96 | |
| 4. 其他 | | | | | | |
| （三）利润分配 | | | | | | |
| 1. 提取盈余公积 | | | | | | |
| 2. 提取一般风险准备 | | | | | | |
| 3. 对所有者（或股东）的分配 | | | | | | |
| 4. 其他 | | | | | | |
| （四）所有者权益内部结转 | | | | | | |
| 1. 资本公积转增资本（或股本） | | | | | | |
| 2. 盈余公积转增资本（或股本） | | | | | | |
| 3. 盈余公积弥补亏损 | | | | | | |
| 4. 设定受益计划变动额结转留存收益 | | | | | | |
| 5. 其他综合收益结转留存收益 | | | | | | |
| 6. 其他 | | | | | | |
| （五）专项储备 | | | | | | |
| （六）其他 | | | | | 12 337 143.83 | |

图 5-4　填列“资本公积”项目

（5）分析填列“减：库存股”项目

对企业来说，一般在发生股份交易时会涉及库存股的增减变动，对应就需要将变动金额填入所有者权益变动表的“库存股”栏内。

## | 范例解析 |　分析填列“减：库存股”项目

2020年，公司发生股份支付这一经济活动，导致库存股相应减少，减少金额总计1 807 904 769.04元，因此需要填列所有者权益变动表中的“减：库存股”项目，效果如图5-5所示。

单位：元

| 项目 | 股本 | 其他权益工具 | | | 资本公积 | 减：库存股 |
|---|---|---|---|---|---|---|
| | | 优先股 | 永续债 | 其他 | | |
| 一、上年年末余额 | 1 277 403 317.00 | | | | 17 420 060 412.06 | |
| 加：会计政策变更 | | | | | | |
| 前期差错更正 | | | | | | |
| 同一控制下企业合并 | | | | | | |
| 其他 | | | | | | |
| 二、本年年初余额 | 1 277 403 317.00 | | | | 17 420 060 412.06 | |
| 三、本期增减变动金额（减少以“-”号填列） | | | | | | |
| （一）综合收益总额 | | | | | | |
| （二）所有者投入和减少资本 | | | | | | |
| 1. 所有者投入的普通股 | | | | | 118 324 329.70 | |
| 2. 其他权益工具持有者投入资本 | | | | | | |
| 3. 股份支付计入所有者权益的金额 | | | | | 104 622 721.96 | 1 807 904 769.04 |

图 5-5　填列“减：库存股”项目

（6）分析填列“其他综合收益”项目

实务中，如果企业发生了其他综合收益，则应将其列示到所有者权益变动表的纵向“综合收益总额”项目中。

## | 范例解析 |　分析填列“其他综合收益”项目

2020年公司确认的其他综合收益共3 211 105.79元，全部计入“综合收益总额”项目中，如图5-6所示。

单位：元

| 项目 | 股本 | 其他权益工具 | | | 资本公积 | 减：库存股 | 其他综合收益 |
|---|---|---|---|---|---|---|---|
| | | 优先股 | 永续债 | 其他 | | | |
| 一、上年年末余额 | 1 277 403 317.00 | | | | 17 420 060 412.06 | | (3 139 873.40) |
| 加：会计政策变更 | | | | | | | |
| 前期差错更正 | | | | | | | |
| 同一控制下企业合并 | | | | | | | |
| 其他 | | | | | | | |
| 二、本年年初余额 | 1 277 403 317.00 | | | | 17 420 060 412.06 | | (3 139 873.40) |
| 三、本期增减变动金额（减少以“-”号填列） | | | | | | | |
| （一）综合收益总额 | | | | | | | 3 211 105.79 |

图 5-6　填列“其他综合收益”项目

（7）分析填列“盈余公积”项目

企业的盈余公积主要是从税后利润中提取形成的，它留于企业内部，是企业留存收益的一部分。因此，只要企业当期经营获利（即净利润为正数），就需要提取盈余公积，此时企业的盈余公积表现为增加，需要在所有者权益变动表的“盈余公积”栏对应进行数据填列。

**| 范例解析 | 分析填列“盈余公积”项目**

2020年公司经营获利，按照规定提取了673 824 696.31元的盈余公积，因此需要在纵向“提取盈余公积”行对应的“盈余公积”项目下填列该数据，如图5-7所示。

单位：元

| 项目 | 资本公积 | 减：库存股 | 其他综合收益 | 专项储备 | 盈余公积 | 一般风险准备 |
|---|---|---|---|---|---|---|
| 一、上年年末余额 | 17 420 060 412.06 | | (3 139 873.40) | | 1 412 582 111.45 | |
| 加：会计政策变更 | | | | | | |
| 前期差错更正 | | | | | | |
| 同一控制下企业合并 | | | | | | |
| 其他 | | | | | | |
| 二、本年年初余额 | 17 420 060 412.06 | | (3 139 873.40) | | 1 412 582 111.45 | |
| 三、本期增减变动金额（减少以“-”号填列） | | | | | | |
| （一）综合收益总额 | | | 3 211 105.79 | | | |
| （二）所有者投入和减少资本 | | | | | | |
| 1.所有者投入的普通股 | 118 324 329.70 | | | | | |
| 2.其他权益工具持有者投入资本 | | | | | | |
| 3.股份支付计入所有者权益的金额 | 104 622 721.96 | 1 807 904 769.04 | | | | |
| 4.其他 | | | | | | |
| （三）利润分配 | | | | | | |
| 1.提取盈余公积 | | | | | 673 824 696.31 | |

图5-7　填列“盈余公积”项目

因为报表内容较多，这里为了凸显所填列盈余公积的数据，对其中一些项目进行了隐藏，但不影响对该部分内容的学习。后面还有一些项目的填列，也会涉及其他项目的隐藏，这里做统一说明。

（8）分析填列“未分配利润”项目

通过本章5.1.2节的内容，我们已经知道了企业的未分配利润就是企业留待以后年度分配或者当年待分配的利润。从数量上看，它可以通过以下计算公式表示：

当期未分配利润=期初未分配利润+当期实现的净利润-当期提取的各种盈余公积-当期分出去的利润

由此可见，企业经营过程中产生了综合收益，以及对利润进行分配等，都会影响未分配利润的账面价值，相应地就要在所有者权益变动表的“综合收益总额”“利润分配”“提取盈余公积”“提取一般风险准备”“对所有者（或股东）的分配”等行次对应的“未分配利润”项目下填列数据。

## | 范例解析 | 分析填列“未分配利润”项目

2020年公司的综合收益总额对未分配利润引起了5 516 072 178.81元的增加，而公司当年提取的673 824 696.31元盈余公积又使得未分配利润减少，对所有者（或股东）进行利润分配也使公司的未分配利润减少了3 832 209 951.00元，填列效果如图5-8所示。

单位：元

| 项目 | 减：库存股 | 其他综合收益 | 专项储备 | 盈余公积 | 一般风险准备 | 未分配利润 |
|---|---|---|---|---|---|---|
| 一、上年年末余额 | | (3 139 873.40) | | 1 412 582 111.45 | | 17 831 191 285.89 |
| 加：会计政策变更 | | | | | | |
| 前期差错更正 | | | | | | |
| 同一控制下企业合并 | | | | | | |
| 其他 | | | | | | |
| 二、本年年初余额 | | (3 139 873.40) | | 1 412 582 111.45 | | 17 831 191 285.89 |
| 三、本期增减变动金额（减少以“-”号填列） | | | | | | |
| （一）综合收益总额 | | 3 211 105.79 | | | | 5 516 072 178.81 |
| （二）所有者投入和减少资本 | | | | | | |
| 1. 所有者投入的普通股 | | | | | | |
| 2. 其他权益工具持有者投入资本 | | | | | | |
| 3. 股份支付计入所有者权益的金额 | 1 807 904 769.04 | | | | | |
| 4. 其他 | | | | | | |
| （三）利润分配 | | | | | | |
| 1. 提取盈余公积 | | | | 673 824 696.31 | | (673 824 696.31) |
| 2. 提取一般风险准备 | | | | | | |
| 3. 对所有者（或股东）的分配 | | | | | | (3 832 209 951.00) |

图 5-8 填列“未分配利润”项目

注意，报表中以“（ ）”展示的数据表示负数，前面涉及负数和后面内容涉及负数也都以这种方式展示。

（9）分析填列“少数股东权益”项目

少数股东权益是指母公司拥有其子公司股份不足100%时，即子公司股东权益的一部分属于母公司所有，这部分为多数股权，其余一些仍属于外界其他股东所有，而属于外界其他股东所有的这部分股权在子公司全部股权中的占比不足半数，对子公司没有控制能力，所以称之为少数股权。

换句话说，存在母子关系的集团企业在编制合并财务报表时，就需要填列“少数股东权益”项目；而不存在母子关系的企业，就不需要填列“少数股东权益”。

企业经营过程中，综合收益总额、所有者投入的普通股等的变动，都可能意味着少数股东权益发生了变化，因此，就需要对这些变化进行分析，看是否存在少数股东权益的变动，如果存在，就需要在所有者权益变动表的“少数股东权益”项目下进行列示。

## | 范例解析 |　分析填列“少数股东权益”项目

2020年公司综合收益总额中，有-5 065 855.80元是少数股东权益变动造成的，同时，由于当年所有者投入的普通股的变动，对少数股东权益引起了134 725 670.30元的增加。填列效果如图5-9所示。

单位：元

| 项目 | 专项储备 | 盈余公积 | 一般风险准备 | 未分配利润 | 小计 | 少数股东权益 |
|---|---|---|---|---|---|---|
| 一、上年年末余额 | | 1 412 582 111.45 | | 17 831 191 285.89 | 37 938 097 253.00 | 161 810 583.93 |
| 加：会计政策变更 | | | | | | |
| 前期差错更正 | | | | | | |
| 同一控制下企业合并 | | | | | | |
| 其他 | | | | | | |
| 二、本年年初余额 | | 1 412 582 111.45 | | 17 831 191 285.89 | 37 938 097 253.00 | 161 810 583.93 |
| 三、本期增减变动金额（减少以“-”号填列） | | | | | | |
| （一）综合收益总额 | | | | 5 516 072 178.81 | | (5 065 855.80) |
| （二）所有者投入和减少资本 | | | | | | |
| 1. 所有者投入的普通股 | | | | | | 134 725 670.30 |

图5-9　填列“少数股东权益”项目

从上图可以看到，该公司少数股东权益的变动引起综合收益总额减少的5 065 855.80元，填列在“综合收益总额”行对应的“少数股东权益”项目下；所有者投入的普通股的变动引起少数股东权益增加的134 725 670.30元，填列在“所有者投入的普通股”行对应的“少数股东权益”项目下。

（10）计算填列各种需要汇总数据的项目

这里所说的需要汇总数据的项目包括“所有者投入和减少资本”“利润分配”“所有者权益内部结转”以及“专项储备”等项目。“所有者投入和减少资本”项目主要是汇总“所有者投入的普通股”“其他权益工具持有者投入资本”“股份支付计入所有者权益的金额”及“其他”等项目的数据。可以用以下计算公式表示：

“所有者投入和减少资本”项目=所有者投入的普通股+其他权益工具持有者投入资本+股份支付计入所有者权益的金额+其他

下面以汇总“资本公积”项目下所有者投入和减少资本为例，看看如何填列。

## | 范例解析 | 计算填列“所有者投入和减少资本”

2020年公司财会人员根据前述填列的各数据，开始进行数据计算汇总填列。图5-10是汇总的“所有者投入和减少资本”的结果。

单位：元

| 项目 | 股本 | 其他权益工具 | | | 资本公积 | 减：库存股 |
|---|---|---|---|---|---|---|
| | | 优先股 | 永续债 | 其他 | | |
| 一、上年年末余额 | 1 277 403 317.00 | | | | 17 420 060 412.06 | |
| 加：会计政策变更 | | | | | | |
| 前期差错更正 | | | | | | |
| 同一控制下企业合并 | | | | | | |
| 其他 | | | | | | |
| 二、本年年初余额 | 1 277 403 317.00 | | | | 17 420 060 412.06 | |
| 三、本期增减变动金额（减少以“-”号填列） | | | | | | |
| （一）综合收益总额 | | | | | | |
| （二）所有者投入和减少资本 | | | | | 222 947 051.66 | |
| 1. 所有者投入的普通股 | | | | | 118 324 329.70 | |
| 2. 其他权益工具持有者投入资本 | | | | | | |
| 3. 股份支付计入所有者权益的金额 | | | | | 104 622 721.96 | 1 807 904 769.04 |
| 4. 其他 | | | | | | |

图 5-10 计算填列“所有者投入和减少资本”

从上图可以看到，“资本公积”项目下“所有者投入和减少资本”行的数据222 947 051.66由“所有者投入的普通股”行数据118 324 329.70和“股份支付计入所有者权益的金额”行数据104 622 721.96相加得到。

同理，对“股本”“其他权益工具”“减：库存股”“其他综合收益”“专项储备”“盈余公积”“一般风险准备”“未分配利润”和“少数股东权益”项目下的“所有者投入和减少资本”行进行数据填列，最终该行数据见表5-5。

**表5-5　填列“所有者投入和减少资本”行数据**

| 项　　目 | “所有者投入和减少资本”行数据（元） |
| --- | --- |
| 资本公积 | 222 947 051.66 |
| 减：库存股 | 1 807 904 769.04 |
| 少数股东权益 | 134 725 670.30 |

注意，在分析“其他权益工具持有者投入资本”项目时，应根据金融工具类科目的相关明细科目的发生额分析填列。

“利润分配”项目主要汇总“提取盈余公积”“提取一般风险准备”“对所有者（或股东）的分配”和“其他”等项目的数据。涉及计算公式为：

“利润分配”项目=提取盈余公积+提取一般风险准备+对所有者（或股东）的分配+其他

下面以“盈余公积”项目下“利润分配”项目的汇总填列为例，看看如何填列。

### | 范例解析 |　计算填列“利润分配”

2020年公司财会人员根据前述填列的各数据，汇总填列“利润分配”行数据。“盈余公积”项目下汇总填列的“利润分配”行数据，如图5-11所示。

从图中可以看到，在“盈余公积”项目下的“利润分配”项目数据

673 824 696.31，是由“提取盈余公积”行数据673 824 696.31加上“提取一般风险准备”行、“对所有者（或股东）的分配”行以及“其他”行的数据相加得到。

| 项目 | 资本公积 | 减:库存股 | 其他综合收益 | 专项储备 | 盈余公积 |
|---|---|---|---|---|---|
| 一、上年年末余额 | 17 420 060 412.06 | | (3 139 873.40) | | 1 412 582 111.45 |
| 加：会计政策变更 | | | | | |
| 前期差错更正 | | | | | |
| 同一控制下企业合并 | | | | | |
| 其他 | | | | | |
| 二、本年年初余额 | 17 420 060 412.06 | | (3 139 873.40) | | 1 412 582 111.45 |
| 三、本期增减变动金额（减少以“-”号填列） | | | | | |
| （一）综合收益总额 | | | 3 211 105.79 | | |
| （二）所有者投入和减少资本 | 222 947 051.66 | 1 807 904 769.04 | | | |
| 1. 所有者投入的普通股 | 118 324 329.70 | | | | |
| 2. 其他权益工具持有者投入资本 | | | | | |
| 3. 股份支付计入所有者权益的金额 | 104 622 721.96 | 1 807 904 769.04 | | | |
| 4. 其他 | | | | | |
| （三）利润分配 | | | | | 673 824 696.31 |
| 1. 提取盈余公积 | | | | | 673 824 696.31 |
| 2. 提取一般风险准备 | | | | | |
| 3. 对所有者（或股东）的分配 | | | | | |
| 4. 其他 | | | | | |

图 5-11 计算填列“利润分配”

同理，对其他项目下的“利润分配”行进行数据填列，最终该行数据见表5-6。

表 5-6 填列“利润分配”行数据

| 项 目 | “利润分配”行数据（元） |
|---|---|
| 未分配利润 | −4 506 034 647.31 |

“所有者权益内部结转”项目主要汇总“资本公积转增资本（或股本）”“盈余公积转增资本（或股本）”“盈余公积弥补亏损”“设定受益计划变动额结转留存收益”“其他综合收益结转留存收益”和“其他”等项目的数据。

因为案例中的公司2020年度没有发生任何所有者权益内部结转的业

务，因此这里不举例展示填列效果，填制的原理与“所有者投入和减少资本”及“利润分配”行相似，可用以下计算公式：

“所有者权益内部结转”项目=资本公积转增资本（或股本）+盈余公积转增资本（或股本）+盈余公积弥补亏损+设定受益计划变动额结转留存收益+其他综合收益结转留存收益+其他

其中，“资本公积转增资本（或股本）”项目是指企业通过会议决定将资本公积转成资本的数额，由此，企业的资本公积减少，相应地实收资本或股本等额增加，在所有者权益变动表中需要填列“资本公积转增资本（或股本）”行对应的“实收资本（或股本）”项目和“资本公积”项目。

“盈余公积转增资本（或股本）”项目是指企业按照规定将盈余公积转成资本的数额，由此，企业的盈余公积减少，相应地实收资本或股本等额增加，在所有者权益变动表中需要填列“盈余公积转增资本（或股本）”行对应的“实收资本（或股本）项目”和“盈余公积”项目。

“盈余公积弥补亏损”项目是指企业按照规定将盈余公积用来弥补以前年度亏损的数额，由此，企业的盈余公积减少，相应地企业以前年度的亏损等额减少，在所有者权益变动表中需要填列“盈余公积弥补亏损”行对应的“盈余公积”项目和“未分配利润”项目。

“设定受益计划变动额结转留存收益”项目是指将设定受益计划的变动额转为留存收益的数额，由此，企业的设定受益计划减少，相应地留存收益等额增加，在所有者权益变动表中需要填列“设定受益计划变动额结转留存收益”行对应的“盈余公积”和“未分配利润”等项目。

“其他综合收益结转留存收益”项目应根据“其他综合收益”科目的相关明细科目的发生额分析填列，是指企业将其他综合收益转为留存收益的数额，由此，企业的其他综合收益减少，相应地留存收益等额增加，在所有者权益变动表中需要填列“其他综合收益结转留存收益”行对应的“其他综合收益”“盈余公积”和“未分配利润”等项目。

（11）汇总计算本期增减变动金额（减少以“–”号填列）

所有者权益变动表中的“本期增减变动金额（减少以‘–’号填列）”项目主要汇总“综合收益总额”“所有者投入和减少资本”“利润分配”“所有者权益内部结转”“专项储备”和“其他”这些项目的数据。计算公式如下：

“本期增减变动金额（减少以‘–’号填列）”项目=综合收益总额+所有者投入和减少资本+利润分配+所有者权益内部结转+专项储备+其他

下面以“资本公积”项目下“本期增减变动金额（减少以‘–’号填列）”项目的汇总计算填列为例。

## | 范例解析 |　计算填列“本期增减变动金额”

2020年公司财会人员根据前述填列的各项数据，汇总填列“本期增减变动金额（减少以‘–’号填列）”行数据，如图5-12所示的是在“资本公积”项目下汇总填列的“本期增减变动金额（减少以‘–’号填列）”行数据。

单位：元

| 项目 | 股本 | 其他权益工具 | | | 资本公积 | 减：库存股 |
|---|---|---|---|---|---|---|
| | | 优先股 | 永续债 | 其他 | | |
| 一、上年年末余额 | 1 277 403 317.00 | | | | 17 420 060 412.06 | |
| 加：会计政策变更 | | | | | | |
| 前期差错更正 | | | | | | |
| 同一控制下企业合并 | | | | | | |
| 其他 | | | | | | |
| 二、本年年初余额 | 1 277 403 317.00 | | | | 17 420 060 412.06 | |
| 三、本期增减变动金额（减少以“–”号填列） | | | | | 235 284 195.49 | |
| （一）综合收益总额 | | | | | | |
| （二）所有者投入和减少资本 | | | | | 222 947 051.66 | 1 807 904 769.04 |
| （三）利润分配 | | | | | | |
| （四）所有者权益内部结转 | | | | | | |
| （五）专项储备 | | | | | | |
| （六）其他 | | | | | 12 337 143.83 | |

图 5-12　计算填列“本期增减变动金额”

从上图可以看到，“资本公积”项目下“本期增减变动金额（减少以‘–’号填列）”行的数据235 284 195.49由“综合收益总额”行数据、“所有者投入和减少资本”行数据222 947 051.66、“利润分配”行数据、“所有者权益内部结转”行数据、“专项储备”行数据以及“其他”行数据12 337 143.83相加得到。

（12）计算填列“本年年末余额”行

所有者权益变动表中，纵向“本年年末余额”项目由“本年年初余额”项目加上“本期增减变动金额”项目得来。

**| 范例解析 | 计算填列“本年年末余额”**

2020年，公司财会人员根据前述填列的各数据，汇总计算出所有者权益变动表的各项目本年年末余额，具体如表5–7所示。

**表5–7 填列“本年年末余额”行数据**

| 项　目 | “本年年末余额”行数据（元） |
|---|---|
| 股本 | 1 277 403 31700 |
| 资本公积 | 17 655 344 607.55 |
| 减：库存股 | 1 807 904 769.04 |
| 其他综合收益 | 71 232.39 |
| 盈余公积 | 2 086 406 807.76 |
| 未分配利润 | 18 841 228 817.39 |
| 少数股东权益 | 291 470 398.43 |

（13）对母公司的所有者权益进行小计

在所有者权益变动表中，由于每个纵向项目都可能引起所有者权益的变动，因此，每个纵向项目（即每行）都有必要进行汇总计算。前述公司因为存在母子关系，因此先要对母公司所有者权益进行小计，每行的最终小计数可使用以下计算公式：

归属于母公司所有者权益=股本+其他权益工具+资本公积-库存股+其他综合收益+专项储备+盈余公积+一般风险准备+未分配利润

## | 范例解析 | 计算填列母公司所有者权益

2020年公司财会人员根据前述填列的各数据，汇总计算并填列归属于母公司的所有者权益数据。以“综合收益总额”行为例，归属于母公司所有者权益的“小计”项目填列结果，如图5-13所示。

单位：元

| 项目 | 归属于母公司所有者权益 | | | |
|---|---|---|---|---|
| | 股本 | 其他综合收益 | 未分配利润 | 小计 |
| 一、上年年末余额 | 1 277 403 317.00 | (3 139 873.40) | 17 831 191 285.89 | 37 938 097 253.00 |
| 加：会计政策变更 | | | | |
| 前期差错更正 | | | | |
| 同一控制下企业合并 | | | | |
| 其他 | | | | |
| 二、本年年初余额 | 1 277 403 317.00 | (3 139 873.40) | 17 831 191 285.89 | 37 938 097 253.00 |
| 三、本期增减变动金额（减少以“-”号填列） | | 3 211 105.79 | 1 010 037 531.50 | |
| （一）综合收益总额 | | 3 211 105.79 | 5 516 072 178.81 | 5 519 283 284.60 |
| （二）所有者投入和减少资本 | | | | |

图 5-13 “综合收益总额”行的归属于母公司所有者权益

从上图填列的结果来看，“综合收益总额”行对应的归属于母公司所有者权益的“小计”金额为5 519 283 284.60元，由“其他综合收益”项目数据3 211 105.79和“未分配利润”项目数据5 516 072 178.81相加得来。

同理，以相同的方法计算填列每行项目对应的归属于母公司所有者权益小计，填列结果见表5-8。

表 5-8 填列“小计”列数据

| 项 目 | “小计”列数据（元） |
|---|---|
| 本期增减变动金额（减少以“-”填列） | 114 452 760.05 |
| 所有者投入和减少资本 | -1 584 957 717.38 |
| 所有者投入的普通股 | 118 324 329.70 |
| 股份支付计入所有者权益的金额 | -1 703 282 047.08 |

续表

| 项　　目 | “小计”列数据（元） |
|---|---|
| 利润分配 | −3 832 209 951.00 |
| 提取盈余公积 | 0.00 |
| 对所有者（或股东）的分配 | −3 832 209 951.00 |
| （六）其他 | 12 337 143.83 |
| 本年年末余额 | 38 052 550 013.05 |

（14）计算填列“所有者权益合计”项目

在没有母子关系的公司中，“所有者权益合计”项目就是由股本、其他权益工具、资本公积、库存股、其他综合收益、专项储备、盈余公积和未分配利润等相加减得到，与存在母子关系的公司计算填列归属于母公司所有者权益的方法相同。而存在母子关系的公司，其所有者权益变动表中的“所有者权益合计”项目要以归属于母公司所有者权益的小计数加上“少数股东权益”项目的数额得到。

**｜范例解析｜　计算填列“所有者权益合计”项目**

2020年公司财会人员根据前述填列的各数据，汇总计算并填列“所有者权益合计”项目。同样以“综合收益总额”行为例，所有者权益合计填列结果，如图5-14所示。

单位：元

| 项目 | 归属于母公司所有者权益 | | 少数股东权益 | 所有者权益合计 |
|---|---|---|---|---|
| | 股本 | 小计 | | |
| 一、上年年末余额 | 1 277 403 317.00 | 37 938 097 253.00 | 161 810 583.93 | 38 099 907 836.93 |
| 加：会计政策变更 | | | | |
| 前期差错更正 | | | | |
| 同一控制下企业合并 | | | | |
| 其他 | | | | |
| 二、本年年初余额 | 1 277 403 317.00 | 37 938 097 253.00 | 161 810 583.93 | 38 099 907 836.93 |
| 三、本期增减变动金额（减少以“−”号填列） | | 114 452 760.05 | 129 659 814.50 | |
| （一）综合收益总额 | | 5 519 283 284.60 | (5 065 855.80) | 5 514 217 428.80 |

图5-14　计算填列“所有者权益合计”项目

从上图填列的结果来看，“综合收益总额”行对应的“所有者权益合计”项目金额为5 514 217 428.80元，由该行“小计”项目数据5 519 283 284.60加上“少数股东权益”项目数据–5 065 855.80得来。

同理，以相同的方法计算填列每行项目对应的所有者权益合计数，填列结果，见表5–9。

表 5-9　填列“所有者权益合计”列数据

| 项　　目 | “小计”列数据（元） |
| --- | --- |
| 本期增减变动金额（减少以“–”填列） | 244 112 574.55 |
| 所有者投入和减少资本 | –1 450 232 047.08 |
| 所有者投入的普通股 | 253 050 000.00 |
| 股份支付计入所有者权益的金额 | –1 703 282 047.08 |
| 利润分配 | –3 832 209 951.00 |
| 提取盈余公积 | 0.00 |
| 对所有者（或股东）的分配 | –3 832 209 951.00 |
| （六）其他 | 12 337 143.83 |
| 本年年末余额 | 38 344 020 411.48 |

至此，所有者权益变动表的“本年金额”栏所有项目已基本填列完毕。可以感受到，所有者权益变动表的填列并不简单，它涉及纵横方向项目之间对应关系的确定，一旦对应关系搞错，就很可能使整个报表中大多数数据填报错误。所以，财会人员在编制报表并填列数据时，一定要正确区分各项目之间的关系。

为了充分感受所有者权益变动表中各项目之间的关系以及最终的填列效果，这里展示出所有者权益变动表“本年金额”栏的填列情况，如图 5–15所示。

所有者权益变动表

会企04表

编制单位： 金额单位：元

| 项目 | 本年金额 | | | | | | | | | | |
|---|---|---|---|---|---|---|---|---|---|---|---|
| | 归属于母公司所有者权益 | | | | | | | | | 少数股东权益 | 所有者权益合计 |
| | 股本 | 资本公积 | 减：库存股 | 其他综合收益 | 专项储备 | 盈余公积 | 一般风险准备 | 未分配利润 | 小计 | | |
| **一、上年年末余额** | **1 277 403 317.00** | **17 420 060 412.06** | | **(3 139 873.40)** | | **1 412 582 111.45** | | **17 831 191 285.89** | **37 938 097 253.00** | **161 810 583.93** | **38 099 907 836.93** |
| 加：会计政策变更 | | | | | | | | | | | |
| 前期差错更正 | | | | | | | | | | | |
| 同一控制下企业合并 | | | | | | | | | | | |
| 其他 | | | | | | | | | | | |
| **二、本年年初余额** | **1 277 403 317.00** | **17 420 060 412.06** | | **(3 139 873.40)** | | **1 412 582 111.45** | | **17 831 191 285.89** | **37 938 097 253.00** | **161 810 583.93** | **38 099 907 836.93** |
| **三、本期增减变动金额（减少以“-”号填列）** | | 235 284 195.49 | 1 807 904 769.04 | 3 211 105.79 | | 673 824 696.31 | | 1 010 037 531.50 | 114 452 760.05 | 129 659 814.50 | 244 112 574.55 |
| （一）综合收益总额 | | | | 3 211 105.79 | | | | 5 516 072 178.81 | 5 519 283 284.60 | (5 065 855.80) | 5 514 217 428.80 |
| （二）所有者投入和减少资本 | | 222 947 051.66 | 1 807 904 769.04 | | | | | | (1 584 957 717.38) | 134 725 670.30 | (1 450 232 047.08) |
| 1. 所有者投入的普通股 | | 118 324 329.70 | | | | | | | 118 324 329.70 | 134 725 670.30 | 253 050 000.00 |
| 2. 其他权益工具持有者投入资本 | | | | | | | | | | | |
| 3. 股份支付计入所有者权益的金额 | | 104 622 721.96 | 1 807 904 769.04 | | | | | | (1 703 282 047.08) | | (1 703 282 047.08) |
| 4. 其他 | | | | | | | | | | | |
| （三）利润分配 | | | | | | 673 824 696.31 | | (4 506 034 647.31) | (3 832 209 951.00) | | (3 832 209 951.00) |
| 1. 提取盈余公积 | | | | | | 673 824 696.31 | | (673 824 696.31) | | | |
| 2. 提取一般风险准备 | | | | | | | | | | | |
| 3. 对所有者（或股东）的分配 | | | | | | | | (3 832 209 951.00) | (3 832 209 951.00) | | (3 832 209 951.00) |
| 4. 其他 | | | | | | | | | | | |
| （四）所有者权益内部结转 | | | | | | | | | | | |
| 1. 资本公积转增资本（或股本） | | | | | | | | | | | |
| 2. 盈余公积转增资本（或股本） | | | | | | | | | | | |
| 3. 盈余公积弥补亏损 | | | | | | | | | | | |
| 4. 设定受益计划变动额结转留存收益 | | | | | | | | | | | |
| 5. 其他综合收益结转留存收益 | | | | | | | | | | | |
| 6. 其他 | | | | | | | | | | | |
| （五）专项储备 | | | | | | | | | | | |
| （六）其他 | | 12 337 143.83 | | | | | | | 12 337 143.83 | | 12 337 143.83 |
| **四、本年年末余额** | 1 277 403 317.00 | 17 655 344 607.55 | 1 807 904 769.04 | 71 232.39 | | 2 086 406 807.76 | | 18 841 228 817.39 | 38 052 550 013.05 | 291 470 398.43 | 38 344 020 411.48 |

图 5-15 所有者权益变动表“本年金额”栏填列效果

### 5.2.3 填列所有者权益变动表要注意的问题

所有者权益变动表的编制也是容易出错的，因此需要了解一些填列时的注意事项。

◆ 要选择并使用恰当的会计政策变更的会计处理方法

对于会计政策变更适用的会计处理方法，如果国家有明文规定，则按国家规定处理；如果没有相关规定，采用追溯调整法进行会计处理。如果企业会计能提供交易或事项的累积影响数，应从这一累积影响数可确认的最早期间开始进行追溯调整；如果无法提供交易或事项的累积影响数，则采用未来适用法。

◆ 要选择并使用恰当的前期差错更正的会计处理方法

企业当期对前期估计金额做出变更时，应作为会计估计变更处理；而对前期做出的不合理的估计，当期要根据有关信息做出调整的，应作为前期差错更正处理。

对于重要的或虽不重要但是故意造成的前期差错，应采用追溯重述法；对不重要且非故意造成的前期差错适用未来适用法进行调整。

◆ 要尽可能全面地反映直接计入所有者权益的利得和损失

直接计入所有者权益的利得和损失是新会计准则提出的一个新内容，对可供出售金融资产公允价值变动净额、采用权益法核算长期股权投资时被投资单位其他所有者权益变动净额、投资性房地产价值计量模式的转换以及金融资产的重分类业务形成的损益应通过“资本公积——其他资本公积”会计科目核算。

◆ 要正确确认和计量股份支付中应计入所有者权益的金额

对于以权益结算的股份支付，授予后可立即行权的，应在授予日按权益工具的公允价值计入“资本公积——其他资本公积”账户中；对需要等待期满后才可行权的，在等待期内的每个资产负债表日，将取得的服务根据服务对象计入成本费用，同时确认相应的“资本公积——其他资本公积”。针对股份支付业务，企业应在“股份支付计入所有者权益的金额”项目下，分别填列由股份支付引起的所有者权益各科目的金额变动。

◆ 利润分配时不要忽略了对股票股利的处理

股票股利也称为股份股利，是股份公司以股份方式向股东支付的股利。采用股票股利时，通常由公司将股东应得的股利金额转入资本金，发行与此相等金额的新股票，按股东的持股比例进行分派。所以，填列所有者权益变动表时，需要将这样的业务涉及的金额准确填列到“所有者权益内部结转”项目下。

## 5.3 与所有者权益相关的其他部分

要想准确填列所有者权益变动表，仅仅知道前述内容还不够，一些特殊业务的认识和处理也必不可少。

### 5.3.1 股利分配、股票分割、股票回购对权益的影响

企业发生的股利分配、股票分割以及股票回购等，是不是都会对企业的所有者权益产生影响呢？为了搞清楚这些业务与所有者权益变动的关系，首先来认识什么是股利分配、股票分割和股票回购，然后根据其业务原理，判断业务发生时是否会对所有者权益产生影响。

（1）股利分配

股利分配指企业向股东分派股利，是企业利润分配的一部分，包括股利支付程序中各日期的确定、股利支付比率的确定以及支付现金股利所需

资金的筹集方式的确定等。

从概念来看，企业进行股利分配，需要将待分配的未分配利润中的一部分或全部分派给股东。相应地，企业内部的留存收益就会减少，但所有者权益与进行股利分配前相比，是否也减少，要根据不同情况来判断。

如果企业的股利分配政策是股票股利，则进行股票股利分配时，企业的所有者权益与进行分配前的所有者权益相比是不变的，实质是所有者权益内部项目之间的结转。

如果企业的股利分配政策是现金股利，则进行现金股利分配时，企业的所有者权益与进行分配前的所有者权益相比是会减少的，因为此时企业的留存收益减少，但其他所有者权益项目与分配股利前没有变化，所以所有者权益整体会减少。

由此可见，企业的股利分配政策不同，最终对所有者权益的影响也会不同。

（2）股票分割

股票分割是指企业将额外的股份按现有持股比例分配给各股东。发生股票分割时，公司“购回”其发行在外的股份，再将原来的一股换成两股或更多股。分割比例可以为 2 ∶ 1、3 ∶ 1 等，或者更高，分割后的股票面值或设定价值会降低。

股票分割会使持有者持有的股票数增加，但没有给投资者带来现实的利益，即公司内部股票面值总额不变。如果公司的股本全部由普通股组成，股票分割一般不会引起所有者权益的变化，但另一个方面，股票分割会在短时间内使公司股票每股市值降低，可能会影响资本公积，进而影响所有者权益总额。

另外，股票分割后投资者持有的股数增加，会为其带来未来可多分股息和更高收益的机会，向投资者传递公司发展前景良好的信息。

（3）股票回购

股票回购是上市公司利用现金等方式，从股票市场上购回本公司发行在外的一定数额的股票的行为。

公司在股票回购完成后可将所回购的股票注销，但绝大多数情况下，公司会将回购的股票作为“库存股”保留，不再属于发行在外的股票，且不参与每股收益的计算和分配。库存股日后可移作他用，如发行可转换债券、雇员福利计划等，或在需要资金时将其出售。

如果公司再股票回购后进行注销，则此时公司股票面值总额会减少，其他所有者权益项目与股票注销前没有变化，因此就会导致总的所有者权益减少。

根据所有者权益变动表的内容可知，在计算“所有者权益合计”项目时，是减去了库存股的，也就是说，如果将回购的股票作为库存股，则会从所有者权益中减掉，因此，库存股的增加会使企业的所有者权益减少。

如果公司将回购的股票用于发行可转换债券，则会影响企业的债权人权益，因为企业对外发行的债券要通过“应付债券”会计科目核算，该科目属于负债类科目，因此，相当于所有者权益与债权人权益之间的转换。

如果是将回购的股票用于雇员福利计划，则会影响所有者权益变动表中的“股份支付计入所有者权益的金额”项目，间接地就会影响企业的所有者权益结构。

### 5.3.2 债务重组对所有者权益的影响

债务重组是指在不改变交易对手方的情况下，经债权人和债务人协定或法院裁定，就清偿债务的时间、金额或方式等重新达成协议的交易。下面从债务重组的几个方式入手，看看债务重组是否会对企业的所有者权益产生影响。

◆ 以资产清偿债务

以资产清偿债务指企业作为债务人，转让其资产给债权人以清偿债务的债务重组方式。这里用于偿债的资产主要是现金、存货、金融资产、固定资产和无形资产等。要注意，以现金清偿债务一般指以低于债务的账面价值的现金清偿债务，如果以等量的现金清偿所欠债务，则不属于债务重组。

企业应将重组债务的账面价值与支付的现金之间的差额确认为债务重组利得，作为营业外收入，计入当期损益。由于这样会影响企业当期的盈利情况，因此就可能影响企业当期的所有者权益。同理，债务人将重组债务的账面价值与转让的非现金资产的公允价值之间的差额确认为债务重组利得，也会影响当期利润，进而可能影响所有者权益。

◆ 债务转为资本

债务转为资本指企业作为债务人将债务转为资本，同时债权人将债权转为股权的债务重组方式。很显然，该债务重组方式下会涉及股权变动，因此会导致所有者权益结构发生变化。

◆ 修改其他债务条件

修改其他债务条件指企业作为债务人减少债务本金、降低利息和免去应付未付的利息等方式进行债务重组。这种方式下在减少企业债务的同时，又不影响企业的资产。根据“资本 = 负债 + 所有者权益”这一恒等式可知，此时企业的所有者权益会相应发生变化。

### 5.3.3 企业合并如何影响所有者权益变动表

企业合并是指两个或两个以上的企业通过订立合并协议，依照有关法律法规的规定，将资产合为一体，组成一个新企业的行为过程。企业合并的结果是新企业的资产等于各合并企业的资产总和。

但是，企业合并时新企业的所有者权益并不等于各合并企业的所有者权益总和，该过程会涉及合并报表的编制，而所有者权益需要进行相应的调整。

比较明显的是，企业合并过程中少数股东权益会进行调整，因此就会影响该项目在所有者权益变动表中的列示结果，进而也会影响所有者权益的列示。而且，在合并过程中，有些权益甚至还会进行划分，即使是在所有者权益内部进行结转，也会改变企业所有者权益的结构。

比如，同一控制下企业合并，按照合并日取得被合并方所有者权益账面价值的份额作为初始投资成本，合并方取得的净资产账面价值与支付的合并对价账面价值的差额，应调整资本公积，由此也会导致所有者权益发生变化。另外，如果资本公积不足冲减的，还要调整留存收益，也会使所有者权益发生变化。这些项目的变动必然会引起所有者权益变动表的列示结果发生变化。

# 第6章

## 阅读财务报表附注了解补充说明

财务报表附注是企业财务报告中不可或缺的一部分，是对财务报表的编制基础、编制原理和方法以及主要项目等做出的解释和补充说明，以帮助报表使用者更全面、正确地理解财务报表的内容。本章就来看看报表附注究竟需要说明哪些内容，以及如何进行披露。

# 6.1 认识财务报表附注很重要

要准确了解企业的经营状况，对财务报表附注的认识必不可少。附注内容的多与少，要看企业经营规模以及需要说明的内容的多少。

## 6.1.1 报表附注信息的特点

财务报表附注是对资产负债表、利润表、现金流量表和所有者权益变动表等报表中列示项目的文字描述或明细资料，以及对未能在这些报表中列示的项目的说明等。由此，决定了报表附注信息的六大特征。

（1）附属性

财务报表与附注之间存在主次关系，财务报表为主，附注为次，处于从属地位。一方面，没有财务报表的存在附注就会失去依据，其补充说明的功能也没有意义；另一方面，如果没有附注作恰当的说明和内容延伸，则财务报表的信息很难详细地反映企业的经营状况，其功能也就很难实现。由此可见，财务报表与附注之间是相辅相成的。

（2）解释性

四大财务报表中的项目数据是被高度浓缩的会计信息，没有详细体现企业经营过程中适用的相关政策和数据得来的过程。

同时，由于经济业务复杂，且企业在编制财务报表时可能选择了不同的会计政策，因此为了提高报表中会计信息的可理解性，同时使不同的企业会计信息之间具有可比性，就需要通过财务报表附注对财务报表的编制基础、编制依据、编制原则和方法以及主要事项等进行解释。

（3）补充性

由于财务报表只能承载一部分会计信息，且内容必须符合会计要素的定义，同时又必须满足相关性和可比性，因此有的信息无法直接在报表中列示。

此时的附注就可以打破各项目必须用货币加以计量的局限性，通过附注的文字说明，辅以某些统计资料或定性信息，来承载那些无法在报表中列示的信息，以便拓展企业会计信息的内容，同时弥补报表无法详细反映会计信息的不足，从而尽可能全面地反映企业面临的机会和风险，保证信息的完整性，有助于报表使用者做出最佳决策。

（4）建设性

除了解释和补充说明财务报表的内容外，附注还具有分析和评价财务报表信息的作用，可以针对性地提出一些改进工作的建议及措施。

比如，通过市场占有率和投入产出等信息，管理层可以了解本企业在同行业中的排名及地位，发现自身的优势以及不足，进而采取有效措施改进企业的经营管理，提高生产效率和产品、服务的质量，扩大产品或服务的市场占有率。

另外，企业还可自愿在附注中披露自身在安排就业、员工培训以及环境治理等方面的信息，有助于树立企业的良好形象，促进企业健康、稳定发展。

（5）重要性

报表附注的重要性主要体现在三个方面。

◆ 提高会计信息的相关性和可靠性

相关性和可靠性是会计信息质量要求中的两个基本要求，会计信息既要相关，也要可靠。

财务报表附注的披露可以在不降低会计信息可靠性的前提下，提高会计信息的相关性。比如或有事项的披露，由于或有事项的发生存在不确定性，因此不能直接在财务报表主表中进行确认和列示，但如果等到这些事项完全可靠或基本能够预期时，又可能因为及时性的丧失而破坏会计信息的相关性。

所以，在附注中对或有事项进行披露，既避免了直接在报表主表中列示，又可及时揭示或有事项的类型和影响，以此提高会计信息的相关性。

◆ 增强不同行业和行业内部不同企业之间信息的可比性

会计信息由多种因素的影响而形成，经济环境的不确定性、不同行业的不同特点，以及各企业前后期情况的变化，都会降低不同企业之间会计信息的可比性以及企业内部前后期会计信息的一惯性。

报表附注可以通过披露企业的会计政策和会计估计的变更等信息，向投资者传递必要的、相关的信息，使投资者能真正看透会计处理的实质，而不被会计信息的表面含义误导。

◆ 与财务报表主表的不可分割性

财务报表主表与财务报表附表是互相成就的关系，没有主表，附表将失去依据；没有附表，主要反映会计信息的功能就不够完善。

（6）必要性

报表附注的必要性从以下四个方面来体现。

◆ 是报表使用者更全面地了解企业经营状况的要求

会计信息应全面且充分反映企业财务状况、经营成果及现金流量，不能有意忽略或隐瞒重要的财务信息，避免报表使用者发生误解。因此，企业有必要在编制财务报表的同时进行报表附注披露，反映企业生产经营全貌信息，包括对有利的和不利的信息进行深层次揭示。

◆ 是基于缓解财务报表信息披露压力的考虑

一方面，信息需求方希望企业能提供尽可能多的会计信息，以供他们做出各项正确的决策；另一方面，财务报表能够展示和反映的会计信息有限。这就给财务报表披露会计信息增加了一定的压力，但报表所能承载的内容又不能随意增加，因此，就需要有报表附注来发挥补充说明的作用。

◆ 可以增强财务报告体系的灵活性

财务报表的固有格式、项目以及填列方法，使得表内信息不能完整地反映企业的综合素质。而报表附注以文字描述的形式进行补充说明，反映会计信息更灵活，也可以弥补报表内信息的局限性，使报表内信息更容易理解。

比如，因为财务会计在确认和计量上有严格的标准，所以一些与决策相关的信息不能列示到财务报表中，但我们又不能忽视它们的存在，因此就可以借助多种计量手段、计量属性和不同格式，将那些无法列示到报表主表中的信息灵活、适当地披露在附注中。

◆ 是保持原有报告模式的需要

经济环境的不断变化，使得会计标准的制定通常落后于会计实务的发展。为了满足人们对会计信息的需求，就要不断对财务报表的内容和体系进行适当的改变。但如果一味地依靠新会计制度和会计准则的出台来重新对报表内容和体系进行规范和指导，会造成规范、制度和政策频繁变动，也不利于经济的发展，更容易损害会计信息的一惯性和可靠性。

所以，有必要借助财务报表附注来增加表外信息的披露和说明，这样可以在保持原有财务报表模式的基础上对会计信息进行完善，对财务报表体系进行改进。

### 6.1.2 报表附注中大致需要披露的内容

在企业的财务报表中，附注的内容主要包括以下几个方面：

（1）企业的一般情况

在这一部分主要介绍企业概况、经营范围和企业结构等内容，有时还会对企业上市改组时资产的剥离情况进行说明，以及注明财务报表的批准报出者和报出日。

企业概况包括企业注册地、组织形式、总部地址、母公司及集团最终母公司的名称；经营范围包括企业所处的行业、所提供的主要产品或服务、客户的性质、销售策略以及监管环境等。云南白药集团股份有限公司2020年年报附注中公司基本情况的部分内容，如图6-1所示。

**三、公司基本情况**

**1. 公司注册地、组织形式和总部地址**

**云南白药集团股份有限公司（以下简称公司或本公司）注册地址为云南省昆明市呈贡区云南白药街3686号。组织形式为股份有限公司，总部位于云南省昆明市呈贡区云南白药街3686号。**

**2. 公司的沿革**

**公司前身为成立于1971年6月的云南白药厂。1993年5月3日，云南省体制改革委员会“云体改〔1993〕48号”文同意成立云南白药实业股份有限公司，发起人为云南白药厂、云南省富滇信托投资公司、联江国际贸易有限公司。1993年6月18日，云南省经济体制改革委员会和云南省计划委员会共同下发“云体改〔1993〕74号”文，同意云南白药公开发行个人股股票2,000万元（按股票面值计算）。1993年6月24日，云南省国有资产管理局“云国资字〔1993〕第37号”文确认云南白药厂的评估结果，决定国家股本设4,000万元，计4,000万股。经中国证监会证监发审字〔1993〕55号文批准，同意云南白药实业股份有限公司向社会公开发行人民币普通股股票2,000万股，云南白药于1993年11月向社会公开发行股票2,000万股，其中，向社会个人发行1,800万股，向公司内部职工发行200万股。**

**1993年11月30日，公司在云南省工商行政管理局注册登记为股份有限公司。1993年12月15日，公司发行的社会公众股在深圳证券交易所挂牌上市，公司总股本为8,000万股，证券代码“0538”，股票简称为“云白药A”。**

**图6-1　云南白药集团股份有限公司的基本情况**（部分）

（2）财务报表的编制基础

这部分内容主要是对财务报表的编制基础进行说明，如根据什么样的交易和事项、按照哪一个或哪几个会计准则的规定进行编制等。云南白药集团股份有限公司 2020 年年报附注中关于报表编制基础的内容，如图 6-2 所示。

**四、财务报表的编制基础**

**1. 编制基础**

本集团财务报表以持续经营假设为基础，根据实际发生的交易和事项，按照财政部发布的《企业会计准则——基本准则》（财政部令第33号发布、财政部令第76号修订）、于2006年2月15日及其后颁布和修订的42项具体会计准则、企业会计准则应用指南、企业会计准则解释及其他相关规定（以下合称“企业会计准则”），以及中国证券监督管理委员会《公开发行证券的公司信息披露编报规则第15号——财务报告的一般规定（2014年修订）》的披露规定编制。

根据企业会计准则的相关规定，本集团会计核算以权责发生制为基础。除某些金融工具外，本财务报表均以历史成本为计量基础。资产如果发生减值，则按照相关规定计提相应的减值准备。

**2. 持续经营**

本公司自本报告期末至少12个月内具备持续经营能力，无影响持续经营能力的重大事项。

图 6-2 云南白药集团股份有限公司的报表编制基础

（3）企业的会计政策和会计估计

这部分内容主要包括遵循企业会计准则的声明、重要会计政策的说明、重要会计估计的说明、会计期间、营业期间、记账原则、计价基础、利润分配办法、合并报表的编制方法、现金及现金等价物的确定标准、外币业务与外币报表折算以及会计政策和会计估计变更及差错更正的说明等内容，有时还会对不符合会计假设进行说明。

其中，遵循企业会计准则的声明是指企业应声明编制的财务报表符合企业会计准则的要求，真实、完整地反映了企业的财务状况、经营成果和现金流量等有关信息，据以明确企业编制财务报表所依据的制度基础。其他的内容则根据企业的实际情况进行如实披露。云南白药集团股份有限公司 2020 年年报中附注的重要会计政策及会计估计的部分内容，如图 6-3

所示。

**五、重要会计政策及会计估计**

具体会计政策和会计估计提示：无

**1. 遵循企业会计准则的声明**

本公司编制的财务报表符合企业会计准则的要求，真实、完整地反映了本公司2020年12月31日的财务状况及2020年度的经营成果和现金流量等有关信息。此外，本公司的财务报表在所有重大方面符合中国证券监督管理委员会2014年修订的《公开发行证券的公司信息披露编报规则第15号——财务报告的一般规定》有关财务报表及其附注的披露要求。

**2. 会计期间**

本集团的会计期间分为年度和中期，会计中期指短于一个完整的会计年度的报告期间。本集团会计年度采用公历年度，即每年自1月1日起至12月31日止。

图 6-3　云南白药集团股份有限公司的重要会计政策及会计估计（部分）

（4）会计报表主要项目附注

这部分包括对主要报表项目的详细说明，如对应收账款的账龄分析、报表项目的异常变化及其产生原因的说明等。

该部分内容应以文字和数字描述相结合，尽可能以列表形式披露报表重要项目的构成或当期增减变动情况，且报表重要项目的明细金额合计应与报表项目金额相呼应。披露时，一般按照资产负债表、利润表、现金流量表、所有者权益变动表的顺序及其项目列示的顺序进行说明。

需要注意的是，如是企业为存在母子关系的集团公司，则在进行主要项目说明时，还要着重对合并报表的项目数据进行明细列示。

云南白药集团股份有限公司 2020 年年报中附注的主要项目说明的部分内容，如图 6-4 所示。

**7. 其他应收款**

单位：元

| 项目 | 期末余额 | 期初余额 |
|---|---|---|
| 应收利息 | 256,159.97 | 60,585,954.39 |
| 应收股利 | | 9,474,363.70 |
| 其他应收款 | 287,438,096.61 | 329,084,703.48 |
| 合计 | 287,694,256.58 | 399,145,021.57 |

**（1）应收利息**

**1）应收利息分类**

单位：元

| 项目 | 期末余额 | 期初余额 |
|---|---|---|
| 应收[redacted]有限公司利息 | | 58,007,109.21 |
| 其他 | 256,159.97 | 2,578,845.18 |
| 合计 | 256,159.97 | 60,585,954.39 |

图 6-4　云南白药集团股份有限公司的主要项目说明（部分）

（5）重要事项的揭示

这部分主要包括对承诺事项、或有事项、资产负债表日后事项和关联方交易等内容的说明，具体的披露要求必须遵循相关准则的规定。云南白药集团股份有限公司 2020 年年报中附注的关联方及关联交易的部分内容，如图 6-5 所示。

**十二、关联方及关联交易**

**1. 本企业的母公司情况**

本企业最终控制方是：无。

其他说明：

云南白药集团股份有限公司发行股份吸收合并云南白药控股有限公司的方案已经云南白药2019年第一次临时股东大会审议通过，并于2019年4月24日收到中国证券监督管理委员会核发的《关于核准云南白药集团股份有限公司吸收合并云南白药控股有限公司的批复》（证监许可〔2019〕770号）。在前述的吸收合并交易完成前，本公司的控股股东为云南白药控股有限公司，无实际控制人；交易完成后，云南省国资委

图 6-5　云南白药集团股份有限公司的关联方及关联交易（部分）

如图 6-6 所示的是承诺及或有事项的部分内容。

**十四、承诺及或有事项**

**1. 重要承诺事项**

资产负债表日存在的重要承诺：无

**2. 或有事项**

**（1）资产负债表日存在的重要或有事项**

1. 向云南云呈医院管理有限公司提供担保事项

2017年11月，公司发布了《关于全资子公司投资设立PPP项目公司并对其提供担保的公告》，根据公告，昆明医科大学第一附属医院呈贡医院（一期工程）PPP项目由云南省人民政府授权云南省卫生和计划生育委员会作为项目实施机构，授权昆明医科大学第一附属医院为政府方出资代表，代表政府出资并持有股份，与社会资本共同成立云南云呈医院管理有限公司（以下简称“项目公司”）。公司全资子公司云南省医药有限公司与民营资本-云南昊邦医药销售有限公司组成联合体进行投标，并最终被确认中标。根据采购文件要求，云南省医药有限公司以现金出资向项目公司投资入股10万元，股权比例为10%，联合体方就项

图 6-6　云南白药集团股份有限公司的承诺及或有事项（部分）

如图 6-7 所示的是资产负债表日后事项的部分内容。

**十五、资产负债表日后事项**

**1. 重要的非调整事项：**无

**2. 利润分配情况**

单位：元

| | |
|---|---|
| 拟分配的利润或股利 | 4,916,742,948.00 |
| 经审议批准宣告发放的利润或股利 | 4,916,742,948.00 |

**3. 销售退回**

**4. 其他资产负债表日后事项说明**

**（1）向安徽金健桥医疗科技有限公司增资并受让部分股权**

第九届董事会2020年第十二次会议审议通过了《关于向安徽金健桥医疗科技有限公司增资并受让部分股权的议案》，于2021年1月，公司与安徽金健桥医疗科技有限公司（以下简称“金健桥”）原有各股东签订

图 6-7　云南白药集团股份有限公司的资产负债表日后事项（部分）

（6）有助于理解财务报表的重要信息

这部分内容主要是对报表中的一些项目进行分类、确认和计量的说明，以及一些重要项目的会计处理方法、重要资产转让及其出售、企业合并或分立情况和重大投融资活动等的说明。云南白药集团股份有限公司 2020 年年报中附注的重要信息的部分说明，如图 6-8 所示。

**10. 金融工具**

在本集团成为金融工具合同的一方时确认一项金融资产或金融负债。

（1）金融资产的分类、确认和计量

本集团根据管理金融资产的业务模式和金融资产的合同现金流量特征，将金融资产划分为：以摊余成本计量的金融资产；以公允价值计量且其变动计入其他综合收益的金融资产；以公允价值计量且其变动计入当期损益的金融资产。

金融资产在初始确认时以公允价值计量。对于以公允价值计量且其变动计入当期损益的金融资产，相关交易费用直接计入当期损益；对于其他类别的金融资产，相关交易费用计入初始确认金额。因销售产品或提供劳务而产生的、未包含或不考虑重大融资成分的应收账款或应收票据，本集团按照预期有权收取的对价金额作为初始确认金额。

①以摊余成本计量的金融资产

本集团管理以摊余成本计量的金融资产的业务模式为以收取合同现金流量为目标，且此类金融资产的合同现金流量特征与基本借贷安排相一致，即在特定日期产生的现金流量，仅为对本金和以未偿付本金金额为基础的利息的支付。本集团对于此类金融资产，采用实际利率法，按照摊余成本进行后续计量，其摊销或减值产生的利得或损失，计入当期损益。

②以公允价值计量且其变动计入其他综合收益的金融资产

本集团管理此类金融资产的业务模式为既以收取合同现金流量为目标又以出售为目标，且此类金融资产的合同现金流量特征与基本借贷安排相一致。本集团对此类金融资产按照公允价值计量且其变动计入其他综合收益，但减值损失或利得、汇兑损益和按照实际利率法计算的利息收入计入当期损益。

此外，本集团将部分非交易性权益工具投资指定为以公允价值计量且其变动计入其他综合收益的金融

图 6-8 云南白药集团股份有限公司的报表重要信息说明

这部分内容与“报表主要项目附注”部分的内容有一定的区别，这部分内容更偏向于文字描述，是对一些规范和规定的介绍，而报表主要项目附注更偏向于数字化表达，解释报表中有关项目的数据由来。实务中，有

些企业可能会把这两个部分的内容结合起来进行披露。

（7）分行业资料

如果企业的经营涉及不同的行业，且行业收入占主营业务收入的 10%（含）以上的，还应提供分行业的有关数据。

## 6.2 各会计准则规定的附注披露要求

企业的财会工作，包括财务报表的编制，都需要以各会计准则的规定为准，而某些项目在财务报表附注中的披露也有要求。

### 6.2.1 存货的披露

存货是指企业在日常活动中持有以备出售的产成品或商品、处在生产过程中的在产品、在生产过程或提供劳务过程中耗用的材料和物料等。

《企业会计准则第 1 号——存货》规定，资产负债表日，存货应当按照成本与可变现净值孰低计量。存货成本高于其可变现净值的，应当计提存货跌价准备，计入当期损益。

**知识延伸 | 什么是资产负债表日**

资产负债表日指结账日期，即结账和编制资产负债表的日期，通常是指年度资产负债表日。在我国会计年度中，资产负债表日一般是指每年的12月31日。

也就是说，企业财会人员在编制资产负债表的当天，存货应以上述规则进行计量，从而填列到资产负债表中的“存货”项目中。另外，在资产负债表日，企业应确定存货的可变性净值，以前减记存货价值的影响因素已经消失的，减记的金额应当予以回复，并在原已计提的存货跌价准备金额内转回，转回的金额计入当期损益。

那么，除了存货在资产负债表中的填列要符合上述规定外，在附注中是否有需要披露的与存货有关的信息呢？答案是肯定的。根据《企业会计准则第 1 号——存货》的规定，企业应当在附注中披露与存货有关的下列信息：

- 各类存货的期初和期末账面价值。
- 确定发出存货成本所采用的方法。
- 存货可变性净值的确定依据，存货跌价准备的计提方法，当期计提的存货跌价准备的金额，当期转回的存货跌价准备的金额，以及计提和转回的有关情况。
- 用于担保的存货账面价值。

云南白药集团股份有限公司 2020 年年报附注中，对存货相关信息进行披露的部分内容，如图 6-9 和图 6-10 所示。

**15. 存货**

（1）存货的分类

存货主要包括原材料、包装物及低值易耗品、在产品、库存商品、消耗性生物资产、开发成本、开发产品等。

（2）存货取得和发出的计价方法

存货在取得时按实际成本计价，存货成本包括采购成本、加工成本和其他成本。领用和发出时按加权平均法计价。

（3）存货可变现净值的确认和跌价准备的计提方法

可变现净值是指在日常活动中，存货的估计售价减去至完工时估计将要发生的成本、估计的销售费用以及相关税费后的金额。在确定存货的可变现净值时，以取得的确凿证据为基础，同时考虑持有存货的目的以及资产负债表日后事项的影响。

在资产负债表日，存货按照成本与可变现净值孰低计量。当其可变现净值低于成本时，提取存货跌价

图 6-9 附注披露的存货计价方法及可变现净值的确认

（2）存货跌价准备和合同履约成本减值准备

单位：元

| 项目 | 期初余额 | 本期增加金额 | | 本期减少金额 | | 期末余额 |
|---|---|---|---|---|---|---|
| | | 计提 | 其他 | 转回或转销 | 其他 | |
| 原材料 | 118,418,950.14 | 103,719,197.72 | | 112,047,066.63 | | 110,091,081.23 |
| 库存商品 | 39,674,258.37 | 21,546,790.68 | | 704,098.19 | 184,275.10 | 60,332,675.76 |
| 包装物及低值易耗品等 | 151,203.01 | 214,234.21 | | 151,203.01 | | 214,234.21 |
| 合计 | 158,244,411.52 | 125,480,222.61 | | 112,902,367.83 | 184,275.10 | 170,637,991.20 |

图 6-10　附注披露的存货跌价准备和合同履约成本减值准备

## 6.2.2　长期股权投资的披露

长期股权投资是指投资方对被投资单位实施控制、重大影响的权益性投资，以及对其合营企业的权益性投资。

长期股权投资的初始计量很复杂。比如企业合并形成的长期股权投资，应区分同一控制下的企业合并与非同一控制下的企业合并；除企业合并形成的长期股权投资以外，其他方式取得的长期股权投资又要区分以支付现金取得、以发行权益性证券取得、通过非货币性资产交换取得和通过债务重组取得等来确定长期股权投资的初始投资成本。

由于初始计量与长期股权投资的账面价值密切相关，也与报表的编制分不开，因此按规定进行初始计量才能有效避免报表填制错误。

不仅如此，长期股权投资的后续计量也会因为不同情况而采用不同的核算方法。比如，投资方能够对被投资单位实施控制的长期股权投资，应当采用成本法核算；投资方对联营企业和合营企业的长期股权投资，应当按照《企业会计准则第 2 号——长期股权投资》第十条至第十三条规定，采用权益法核算。

根据该准则的规定，投资方取得长期股权投资后，应当按照应享有或应分担的被投资单位实现的净损益和其他综合收益的份额，分别确认投资收益和其他综合收益，同时调整长期股权投资的账面价值。这么看来，长期股权投资的发生，会影响资产负债表和所有者权益变动表的填列。

那么，长期股权投资又需要在附注中披露哪些内容呢？在报表附注中，需要披露长期股权投资的下列信息：

- 长期股权投资的投资成本的确定。
- 长期股权投资的后续计量及损益确认方法，包括成本法核算的长期股权投资、权益法核算的长期股权投资、收购少数股权和处置长期股权投资等。
- 长期股权投资的增减变动情况，如追加投资、减少投资、权益法下确认的投资损益、其他综合收益调整、宣告发放现金股利或利润、计提的减值准备等。

云南白药集团股份有限公司 2020 年年报附注中，对长期股权投资相关信息进行披露的部分内容，如图 6-11 和图 6-12 所示。

**22. 长期股权投资**

本部分所指的长期股权投资是指本集团对被投资单位具有控制、共同控制或重大影响的长期股权投资。本集团对被投资单位不具有控制、共同控制或重大影响的长期股权投资，作为以公允价值计量且其变动计入当期损益的金融资产核算，其中如果属于非交易性的，本集团在初始确认时可选择将其指定为以公允价值计量且其变动计入其他综合收益的金融资产核算，其会计政策详见附注五．22“金融工具”。

共同控制，是指本集团按照相关约定对某项安排所共有的控制，并且该安排的相关活动必须经过分享控制权的参与方一致同意后才能决策。重大影响，是指本集团对被投资单位的财务和经营政策有参与决策的权力，但并不能够控制或者与其他方一起共同控制这些政策的制定。

（1）投资成本的确定

对于同一控制下的企业合并取得的长期股权投资，在合并日按照被合并方股东权益在最终控制方合并财务报表中的账面价值的份额作为长期股权投资的初始投资成本。长期股权投资初始投资成本与支付的现金、转让的非现金资产以及所承担债务账面价值之间的差额，调整资本公积；资本公积不足冲减的，调整

图 6-11 附注披露的长期股权投资确定投资成本的内容

**10. 长期股权投资**

单位：元

| 被投资单位 | 期初余额（账面价值） | 本期增减变动 | | | | | | | | 期末余额（账面价值） | 减值准备期末余额 |
|---|---|---|---|---|---|---|---|---|---|---|---|
| | | 追加投资 | 减少投资 | 权益法下确认的投资损益 | 其他综合收益调整 | 其他权益变动 | 宣告发放现金股利或利润 | 计提减值准备 | 其他 | | |
| 一、合营企业 | | | | | | | | | | | |
| 二、联营企业 | | | | | | | | | | | |
| [redacted]控股集团有限公司 | 316,637,148.82 | | | 6,327,153.77 | 3,231,037.79 | | | | | 326,195,340.38 | 26,340,780.47 |
| [redacted]农业发展有限公司 | | 2,000,000.00 | | -20,657.18 | | | | | | 1,979,342.82 | |
| 云南白药清逸堂[redacted]有限公司 | 822,734.64 | | | 1,625.64 | -49,830.01 | | | | | 774,530.27 | |
| 云南白药[redacted]科技有限公司 | | | | | | | | | | | |
| 小计 | 317,459,883.46 | 2,000,000.00 | | 6,308,122.23 | 3,181,207.78 | | | | | 328,949,213.47 | 26,340,780.47 |
| 合计 | 317,459,883.46 | 2,000,000.00 | | 6,308,122.23 | 3,181,207.78 | | | | | 328,949,213.47 | 26,340,780.47 |

图 6-12　附注披露的长期股权投资的增减变动情况

### 6.2.3　投资性房地产的披露

投资性房地产是指为赚取租金或资本增值，或两者兼有而持有的房地产。根据《企业会计准则第 3 号——投资性房地产》的规定，企业应当在资产负债表日采用成本模式对投资性房地产进行后续计量，但有确凿证据表明投资性房地产的公允价值能够持续可靠取得的，可以对投资性房地产采用公允价值模式进行后续计量。

这是企业在编制财务报表时，投资性房地产的计量处理。那么，在附注中又有哪些与投资性房地产有关的信息需要披露呢？根据《企业会计准则第 3 号——投资性房地产》的规定，企业应当在附注中披露与投资性房地产有关的下列信息：

- 投资性房地产的种类、金额和计量模式。
- 采用成本模式的，投资性房地产的折旧或摊销，以及减值准备的计提情况。

- 采用公允价值模式的，公允价值的确定依据和方法，以及公允价值变动对损益的影响。
- 房地产转换情况、理由，以及对损益或所有者权益的影响。
- 当期处置的投资性房地产及其对损益的影响。

云南白药集团股份有限公司2020年年报附注中，对投资性房地产相关信息进行披露的部分内容，如图6-13和图6-14所示。

**23. 投资性房地产**

投资性房地产计量模式

成本法计量

折旧或摊销方法

投资性房地产是指为赚取租金或资本增值，或两者兼有而持有的房地产。包括已出租的土地使用权、持有并准备增值后转让的土地使用权、已出租的建筑物等。此外，对于本集团持有以备经营出租的空置建筑物，若董事会（或类似机构）作出书面决议，明确表示将其用于经营出租且持有意图短期内不再发生变化的，也作为投资性房地产列报。

投资性房地产按成本进行初始计量。与投资性房地产有关的后续支出，如果与该资产有关的经济利益很可能流入且其成本能可靠地计量，则计入投资性房地产成本。其他后续支出，在发生时计入当期损益。

本集团采用成本模式对投资性房地产进行后续计量，并按照与房屋建筑物或土地使用权一致的政策进行折旧或摊销。

投资性房地产的减值测试方法和减值准备计提方法详见附注五、45、“（6）长期资产减值准备”。

自用房地产或存货转换为投资性房地产或投资性房地产转换为自用房地产时，按转换前的账面价值作为转换后的入账价值。

当投资性房地产被处置、或者永久退出使用且预计不能从其处置中取得经济利益时，终止确认该项投资性房地产。投资性房地产出售、转让、报废或毁损的处置收入扣除其账面价值和相关税费后计入当期损益。

图6-13 附注披露的投资性房地产的计量模式及方法

12．投资性房地产

（1）采用成本计量模式的投资性房地产

√ 适用 □ 不适用

单位：元

| 项目 | 房屋、建筑物 | 土地使用权 | 在建工程 | 合计 |
|---|---|---|---|---|
| 一、账面原值 | | | | |
| 1.期初余额 | 3,498,966.37 | | | 3,498,966.37 |
| 2.本期增加金额 | | | | |
| （1）外购 | | | | |
| （2）存货\固定资产\在建工程转入 | | | | |
| （3）企业合并增加 | | | | |
| 3.本期减少金额 | | | | |
| （1）处置 | | | | |
| （2）其他转出 | | | | |
| 4.期末余额 | 3,498,966.37 | | | 3,498,966.37 |
| 二、累计折旧和累计摊销 | | | | |
| 1.期初余额 | 2,834,950.85 | | | 2,834,950.85 |
| 2.本期增加金额 | 116,052.71 | | | 116,052.71 |
| （1）计提或摊销 | 116,052.71 | | | 116,052.71 |
| 3.本期减少金额 | | | | |

图 6-14　附注披露的投资性房地产成本计量模式的折旧情况

## 6.2.4　固定资产的披露

固定资产是指为生产商品、提供劳务、出租或经营管理而持有的，使用寿命超过一个会计年度的有形资产。

不同方式获取的固定资产，其初始计量方法是不同的。而固定资产的后续计量中涉及的折旧计提和减值准备计提问题，究竟该用哪种方法折旧，如何计提固定资产的减值准备等，这些都不能在财务报表中反映，但这些信息有助于报表使用者理解财务报表的重要信息，因此会在附注中说明。

根据《企业会计准则第4号——固定资产》的规定，企业应当在附注中披露与固定资产有关的下列信息：

- 固定资产的确认条件、分配、计量基础和折旧方法。
- 各类固定资产的使用寿命、预计净残值和折旧率。
- 各类固定资产的期初和期末原价、累计折旧额及固定资产减值准备累计金额。
- 当期确认的折旧费用。
- 对固定资产所有权的限制及金额和用于担保的固定资产账面价值。
- 准备处置的固定资产名称、账面价值、公允价值、预计处置费用和预计处置时间等。

云南白药集团股份有限公司2020年年报附注中对固定资产相关信息进行披露的部分内容，如图6-15和图6-16所示。

**24. 固定资产**

**（1）确认条件**

固定资产是指为生产商品、提供劳务、出租或经营管理而持有的，使用寿命超过一个会计年度的有形资产。固定资产仅在与其有关的经济利益很可能流入本集团，且其成本能够可靠地计量时才予以确认。固定资产按成本并考虑预计弃置费用因素的影响进行初始计量。

**（2）折旧方法**

| 类别 | 折旧方法 | 折旧年限 | 残值率 | 年折旧率 |
|---|---|---|---|---|
| 生产用房屋建筑物 | 年限平均法 | 39 | 5% | 2.44% |
| 生产用机器设备 | 年限平均法 | 10 | 5% | 9.5% |
| 运输设备 | 年限平均法 | 10 | 5% | 9.5% |
| 电子设备 | 年限平均法 | 5 | 5% | 19% |
| 非生产用机器设备 | 年限平均法 | 16 | 5% | 5.94% |
| 非生产用房屋建筑物 | 年限平均法 | 45 | 5% | 2.11% |

图6-15 附注披露的固定资产的确认条件和折旧方法

13. 固定资产

单位：元

| 项目 | 期末余额 | 期初余额 |
|---|---|---|
| 固定资产 | 3,096,791,709.20 | 2,008,669,933.18 |
| 合计 | 3,096,791,709.20 | 2,008,669,933.18 |

（1）固定资产情况

单位：元

| 项目 | 房屋、建筑物 | 机器设备 | 运输工具 | 电子设备 | 其他 | 合计 |
|---|---|---|---|---|---|---|
| 一、账面原值： | | | | | | |
| 1.期初余额 | 2,002,543,122.11 | 973,050,146.13 | 51,770,202.47 | 79,720,404.98 | 3,552,201.17 | 3,110,636,076.86 |
| 2.本期增加金额 | 668,488,417.33 | 550,676,043.89 | 11,753,970.01 | 17,297,099.65 | 256,502.38 | 1,248,472,033.26 |
| （1）购置 | 4,462,233.26 | 21,087,881.82 | 11,753,970.01 | 15,864,094.20 | 256,502.38 | 53,424,681.67 |
| （2）在建工程转入 | 664,026,184.07 | 529,588,162.07 | | 1,433,005.45 | | 1,195,047,351.59 |
| （3）企业合并增加 | | | | | | |
| 3.本期减少金额 | 34,873,682.19 | 14,259,820.10 | 4,308,090.21 | 6,154,332.06 | 15,577.84 | 59,611,502.40 |
| （1）处置或报废 | 9,929,002.73 | 8,823,510.48 | 4,308,090.21 | 6,154,332.06 | 15,577.84 | 29,230,513.32 |
| （2）转出 | 24,944,679.46 | | | | | 24,944,679.46 |
| （3）其他 | | 5,436,309.62 | | | | 5,436,309.62 |

图 6-16　附注披露的固定资产的期初期末余额及累计折旧额

## 6.2.5　无形资产的披露

无形资产是指企业拥有或者控制的没有实物形态的可辨认非货币性资产。无形资产的确认同样需要满足一定的条件，并且无形资产形成的过程中，不同阶段的支出是否计入无形资产的成本，还需要分析判断。

另外，企业的无形资产是怎样进行初始计量的、后续计量中使用什么方法进行摊销、如何计提减值准备、当期是否改变了摊销方法等，这些信息虽然不能在财务报表中体现出来，但可以借助报表附注进行详细说明。

根据《企业会计准则第 6 号——无形资产》的规定，企业应当按照无形资产的类别在附注中披露与无形资产有关的下列信息：

- 无形资产的期初和期末账面余额、累计摊销额以及减值准备累计金额。

- 使用寿命有限的无形资产，其使用寿命的估计情况；使用寿命不确定的无形资产，其使用寿命不确定的判断依据。
- 无形资产的摊销方法。
- 用于担保的无形资产账面价值、当期摊销额等情况。
- 计入当期损益和确认为无形资产的研究开发支出金额。

云南白药集团股份有限公司2020年年报附注中对无形资产相关信息进行披露的部分内容，如图6-17和图6-18所示。

**30. 无形资产**

**（1）计价方法、使用寿命、减值测试**

无形资产是指本集团拥有或者控制的没有实物形态的可辨认非货币性资产。

无形资产按成本进行初始计量。与无形资产有关的支出，如果相关的经济利益很可能流入本集团且其成本能可靠地计量，则计入无形资产成本。除此以外的其他项目的支出，在发生时计入当期损益。

取得的土地使用权通常作为无形资产核算。自行开发建造厂房等建筑物，相关的土地使用权支出和建筑物建造成本则分别作为无形资产和固定资产核算。如为外购的房屋及建筑物，则将有关价款在土地使用权和建筑物之间进行分配，难以合理分配的，全部作为固定资产处理。

使用寿命有限的无形资产自可供使用时起，对其原值减去预计净残值和已计提的减值准备累计金额在其预计使用寿命内采用直线法分期平均摊销。使用寿命不确定的无形资产不予摊销。

期末，对使用寿命有限的无形资产的使用寿命和摊销方法进行复核，如发生变更则作为会计估计变更处理。此外，还对使用寿命不确定的无形资产的使用寿命进行复核，如果有证据表明该无形资产为企业带来经济利益的期限是可预见的，则估计其使用寿命并按照使用寿命有限的无形资产的摊销政策进行摊销。

无形资产的减值，按照本公司制定的“资产减值”会计政策执行。

**（2）内部研究开发支出会计政策**

本集团内部研究开发项目的支出分为研究阶段支出与开发阶段支出。

研究阶段的支出，于发生时计入当期损益。

图 6-17　附注披露的无形资产的计价方法、使用寿命

16. 无形资产

（1）无形资产情况

单位：元

| 项目 | 土地使用权 | 专利权 | 非专利技术 | 软件 | 商标 | 特许经营权 | 合计 |
|---|---|---|---|---|---|---|---|
| 一、账面原值 | | | | | | | |
| 1.期初余额 | 612,831,761.50 | 20,122,831.79 | 2,150,381.86 | 15,511,060.87 | 25,920,000.00 | 149,289,382.92 | 825,825,418.94 |
| 2.本期增加金额 | 5,351,442.78 | | | 15,229,822.48 | | | 20,581,265.26 |
| （1）购置 | 4,382,870.88 | | | 15,229,822.48 | | | 19,612,693.36 |
| （2）内部研发 | | | | | | | |
| （3）企业合并增加 | | | | | | | |
| （4）转入 | 968,571.90 | | | | | | 968,571.90 |
| 3.本期减少金额 | 12,386.46 | | | | | | 12,386.46 |
| （1）处置 | 12,386.46 | | | | | | 12,386.46 |
| 4.期末余额 | 618,170,817.82 | 20,122,831.79 | 2,150,381.86 | 30,740,883.35 | 25,920,000.00 | 149,289,382.92 | 846,394,297.74 |
| 二、累计摊销 | | | | | | | |
| 1.期初余额 | 104,314,758.56 | 17,914,368.13 | 2,150,381.86 | 4,295,208.64 | 17,672,727.60 | 15,000,410.42 | 161,347,855.21 |
| 2.本期增加金额 | 18,557,673.26 | 267,333.33 | | 2,055,518.31 | 2,356,363.68 | 591,017.88 | 23,827,906.46 |

图 6-18　附注披露的无形资产的期初期末余额及累计摊销额

## 6.2.6　职工薪酬的披露

职工薪酬是指企业为获得职工提供的服务或解除劳动关系而给予的各种形式的报酬或补偿，包括短期薪酬、离职后福利、辞退福利和其他长期职工福利。这些职工薪酬项目，其会计处理方法会有不同，具体有哪些内容需要在报表附注中披露呢？

根据《企业会计准则第 9 号——职工薪酬》的规定，企业应当在附注中披露与短期职工薪酬有关的下列信息：

- 应当支付给职工的工资、奖金、津贴和补贴及其期末应付未付金额。
- 应当为职工缴纳的医疗保险费、工伤保险费和生育保险费等社会保险费及其期末应付未付金额。
- 应当为职工缴存的住房公积金及其期末应付未付金额。

- 为职工提供的非货币性福利及其计算依据。
- 依据短期利润分享计划提供的职工薪酬金额及其计算依据。
- 其他短期薪酬。

根据准则的规定，企业应当披露与设定受益计划有关的下列信息：

- 设定受益计划的特征及与之相关的风险。
- 设定受益计划在财务报表中确认的金额及其变动。
- 设定受益计划对企业未来现金流量金额、时间和不确定性的影响。
- 设定受益计划义务现值所依赖的重大精算假设及有关敏感性分析的结果。

除此以外，该会计准则还规定需要在附注中披露下列内容：

- 企业所设立或参与的设定提存计划的性质、计算缴费金额的公式或依据，当期缴费金额以及期末应付未付金额。
- 企业支付的因解除劳动关系所提供的辞退福利及其期末应付未付金额。
- 企业提供的其他长期职工福利的性质、金额及其计算依据。

云南白药集团股份有限公司 2020 年年报附注中对职工薪酬相关信息进行披露的部分内容，如图 6-19 和图 6-20 所示。

**34. 职工薪酬**

**（1）短期薪酬的会计处理方法**

本集团职工薪酬主要包括短期职工薪酬、离职后福利、辞退福利以及其他长期职工福利。其中：短期薪酬主要包括工资、奖金、津贴和补贴、职工福利费、医疗保险费、生育保险费、工伤保险费、住房公积金、工会经费和职工教育经费、非货币性福利等。本集团在职工为本集团提供服务的会计期间将实际发生的短期职工薪酬确认为负债，并计入当期损益或相关资产成本。其中非货币性福利按公允价值计量。

图 6-19　附注披露的短期薪酬的会计处理方法

26. 应付职工薪酬

（1）应付职工薪酬列示

单位：元

| 项目 | 期初余额 | 本期增加 | 本期减少 | 期末余额 |
|---|---|---|---|---|
| 一、短期薪酬 | 430,964,040.28 | 1,743,084,032.82 | 1,461,356,859.45 | 712,691,213.65 |
| 二、离职后福利-设定提存计划 | 23,523,450.21 | 69,627,710.90 | 70,533,279.56 | 22,617,881.55 |
| 三、辞退福利 | 643,990.56 | 1,065,919.50 | 1,181,928.46 | 527,981.60 |
| 合计 | 455,131,481.05 | 1,813,777,663.22 | 1,533,072,067.47 | 735,837,076.80 |

（2）短期薪酬列示

单位：元

| 项目 | 期初余额 | 本期增加 | 本期减少 | 期末余额 |
|---|---|---|---|---|
| 1、工资、奖金、津贴和补贴 | 69,982,381.09 | 901,359,645.20 | 915,106,890.06 | 56,235,136.23 |
| 2、职工福利费 | 4,469,145.81 | 218,055,037.76 | 216,711,000.26 | 5,813,183.31 |
| 3、社会保险费 | 590,376.37 | 56,562,069.62 | 57,051,861.71 | 100,584.28 |
| 其中：医疗保险费 | 514,174.49 | 53,852,804.63 | 54,276,495.56 | 90,483.56 |
| 工伤保险费 | 23,348.95 | 1,529,849.70 | 1,551,716.82 | 1,481.83 |
| 生育保险费 | 52,852.93 | 1,177,940.85 | 1,222,174.89 | 8,618.89 |
| 其他 | | 1,474.44 | 1,474.44 | |
| 4、住房公积金 | 745,877.78 | 60,970,722.41 | 61,584,043.25 | 132,556.94 |

图 6-20　附注披露的应付职工薪酬和短期薪酬的增减变动情况

### 6.2.7　收入的披露

收入是指企业在日常活动中形成的、会导致所有者权益增加的、与所有者投入资本无关的经济利益的总流入。

对于企业来说，收入什么时候确认、满足什么条件才能确认收入、收入发生时采用什么方法计量、与交易相关的合同成本怎么确定以及特定交易如何进行会计处理等，这些也都需要通过报表附注进行详细说明。那么，企业究竟需要在附注中披露与收入相关的哪些内容呢？

根据《企业会计准则第 14 号——收入》（财会〔2017〕22 号）的规定，

企业应当在附注中披露与收入有关的下列信息。

①收入确认和计量所采用的会计政策、对于确定收入确认的时点和金额具有重大影响的判断以及这些判断的变更，包括确定履约进度的方法及采用该方法的原因、评估客户取得所转让商品控制权时点的相关判断，在确定交易价格、估计计入交易价格的可变对价、分摊交易价格以及计量预期将退还给客户的款项等类似义务时所采用的方法、输入值和假设等。

②与合同相关的信息，见表 6-1。

表 6-1 附注需披露的与合同相关的信息

| 类 别 | 具体信息 |
| --- | --- |
| 与本期确认收入相关的信息 | 包括与客户之间的合同产生的收入、该收入按主要类别（如商品类型、经营地区、市场或客户类型、合同类型、商品转让的时间、合同期限、销售渠道等）分解的信息以及该分解信息与每一报告分部的收入之间的关系等 |
| 与应收款项、合同资产和合同负债的账面价值相关的信息 | 包括与客户之间的合同产生的应收款项、合同资产和合同负债的期初和期末账面价值、对上述应收款项和合同资产确认的减值损失、在本期确认的包括在合同负债期初账面价值中的收入、前期已履行（或部分履行）的履约义务在本期调整的收入、履行履约义务时间与通常的付款时间之间的关系以及此类因素对合同资产和合同负债账面价值的影响的定量或定性信息、合同资产和合同负债的账面价值在本期内发生的重大变动情况等 |
| 与履约义务相关的信息 | 包括履约义务通常的履行时间、重要的支付条款、企业承诺转让的商品的性质（包括说明企业是否作为代理人）、企业承担的预期将退还给客户的款项等类似义务、质量保证的类型及相关义务等 |
| 与分摊至剩余履约义务的交易价格相关的信息 | 包括分摊至本期末尚未履行（或部分未履行）履约义务的交易价格总额、上述金额确认为收入的预计时间的定量或定性信息、未包括在交易价格的对价金额（如可变对价）等 |

③与合同成本有关的资产相关的信息，包括确定该资产金额所做的判断、该资产的摊销方法、按该资产主要类别（如为取得合同发生的成本、为履行合同开展的初始活动发生的成本等）披露的期末账面价值以及本期

确认的摊销及减值损失金额等。

④企业根据本准则第十七条规定因预计客户取得商品控制权与客户支付价款间隔未超过一年而未考虑合同中存在的重大融资成分，或者根据本准则第二十八条规定因合同取得成本的摊销期限未超过一年而将其在发生时计入当期损益的，应当披露该事实。

另外，如果企业首次执行《企业会计准则——收入》（财会〔2017〕22号），应根据首次执行本准则的累积影响数，调整首次执行本准则当年年初留存收益和财务报表其他相关项目金额，同时，应在附注中披露与收入相关会计准则制度的原规定相比，执行本准则对当期财务报表相关项目的影响金额，如果有重大影响的，还需要披露其原因。

对于最早可比期间期初之前或首次执行本准则当年年初之前发生的合同变更，企业可予以简化处理，即无须按照本准则第八条规定进行追溯调整，而是根据合同变更的最终安排，识别已履行的和尚未履行的履约义务、确定交易价格以及在已履行的和尚未履行的履约义务之间分摊交易价格。

而如果采用这种简化的处理方式，企业应对所有合同都统一采用这种简化处理方式，并在附注中披露该事实以及在合理范围内对采用该简化处理方法的影响所作的定性分析。

云南白药集团股份有限公司2020年年报附注中对收入相关信息进行披露的部分内容，如图6-21和图6-22所示。

**39. 收入**

收入确认和计量所采用的会计政策

收入，是本集团在日常活动中形成的、会导致股东权益增加的、与股东投入资本无关的经济利益的总流入。本集团与客户之间的合同同时满足下列条件时，在客户取得相关商品（含劳务，下同）控制权时确认收入：合同各方已批准该合同并承诺将履行各自义务；合同明确了合同各方与所转让商品或提供劳务相

**图6-21　附注披露的收入确认和计量采用的会计政策**

收入相关信息：

单位：元

| 合同分类 | 分部 1 | 分部 2 | 分部 3 | 分部 4 | 其他 | 合计 |
|---|---|---|---|---|---|---|
| 其中： | | | | | | |
| 工业销售收入 | 5,043,509,563.51 | 5,513,676,547.89 | 1,111,742,076.69 | 0.00 | 47,505,661.55 | 11,716,433,849.64 |
| 商业销售收入 | 13,673,349.71 | 22,271,379.96 | 158,657,854.89 | 20,773,882,976.56 | 5,746,690.50 | 20,974,232,251.62 |
| 技术服务 | 0.00 | 0.00 | 0.00 | 0.00 | 4,279,545.59 | 4,279,545.59 |
| 旅店饮食业 | 0.00 | 0.00 | 0.00 | 0.00 | 257,806.60 | 257,806.60 |
| 种植业销售收入 | 0.00 | 0.00 | 376,212.00 | 0.00 | 0.00 | 376,212.00 |
| 其中： | | | | | | |
| 云南省内 | 717,567,045.80 | 322,776,857.62 | 534,485,680.29 | 20,696,202,363.57 | 24,938,448.89 | 22,295,970,396.17 |
| 云南省外（不包含国外） | 4,325,942,517.71 | 5,205,261,075.29 | 397,581,479.32 | 77,680,612.99 | 32,495,773.95 | 10,038,961,459.26 |
| 国外 | 13,673,349.71 | 7,909,994.94 | 338,708,983.97 | 0.00 | 355,481.40 | 360,647,810.02 |
| 合计 | 5,057,182,913.22 | 5,535,947,927.85 | 1,270,776,143.58 | 20,773,882,976.56 | 57,789,704.24 | 32,695,579,665.45 |

注：以上分部收入相关信息为各分部主营业务收入，不含其他业务收入。

图 6-22 附注披露的与收入相关的数据

### 6.2.8 或有事项的披露

或有事项是指过去的交易或者事项形成的，其结果须由某些未来事项的发生或不发生才能决定的不确定事项。

企业当期是否发生了或有事项、是否有确认为预计负债的或有事项、预计负债有哪些种类、期初和期末余额以及当期增减变动情况等，都需要在附注中进行详细说明。

根据《企业会计准则第 13 号——或有事项》的规定，企业应当在附注中披露与或有事项有关的下列信息：

- 预计负债的种类、形成原因以及经济利益流出不确定性的说明，各类预计负债的期初、期末余额和本期变动情况，与预计负债有关的预期补偿金额和本期已确认的预期补偿金额。
- 除极小可能导致经济利益流出企业的或有负债以外的或有负债，

包括或有负债的种类及其形成原因，如已贴现商业承兑汇票、未决诉讼、未决仲裁、对外提供担保等形成的或有负债，经济利益流出不确定性的说明，以及或有负债预计产生的财务影响和获得补偿的可能性，无法预计财务影响的，应说明原因。

- 企业通常不应当披露或有资产，但或有资产很可能会给企业带来经济利益的，应当披露其形成原因、预计产生的财务影响等。

需要注意的是，在涉及未决诉讼、未决仲裁的情况下，按照本准则第十四条披露全部或部分信息预期对企业造成重大不利影响的，企业无须披露这些信息，但应当披露该未决诉讼、未决仲裁的性质以及没有披露这些信息的事实和原因。

云南白药集团股份有限公司2020年年报附注中对或有事项相关信息进行披露的部分内容，如图6–23所示。

**十四、承诺及或有事项**

**1. 重要承诺事项**

资产负债表日存在的重要承诺：无

**2. 或有事项**

**（1）资产负债表日存在的重要或有事项**

1. 向云南[illegible]管理有限公司提供担保事项

2017年11月，公司发布了《关于全资子公司投资设立PPP项目公司并对其提供担保的公告》，根据公告，[illegible]附属医院[illegible]医院（一期工程）PPP项目由云南省人民政府授权云南省卫生和计划生育委员会作为项目实施机构，授权[illegible]附属医院为政府方出资代表，代表政府出资并持有股份，与社会资本共同成立云南[illegible]管理有限公司（以下简称“项目公司”）。公司全资子公司云南省[illegible]有限公司与民营资本-云南[illegible]销售有限公司组成联合体进行投标，并最终被确认中标。根据采购文件要求，云南省[illegible]有限公司以现金出资向项目公司投资入股10万元，股权比例为10%，联合体方就项目公司的PPP项目债务承担连带保证责任，期限为12年，联合体最高担保总额为150,000万元。

图6–23　附注披露的重要或有事项

### 6.2.9 其他一些项目在附注中的披露要求

为了在报表数据的基础上，尽可能全面地反映企业的经营情况，企业除了要按照企业会计准则的相关规定对前述内容进行适当的披露外，还有一些内容也需要在附注中披露说明。

（1）生物资产

生物资产是指有生命的动物和植物，它分为消耗性生物资产、生产性生物资产和公益性生物资产。

**知识延伸**｜消耗性生物资产、生产性生物资产和公益性生物资产

消耗性生物资产指为出售而持有的，或在将来收获为农产品的生物资产，包括生长中的大田作物、蔬菜、用材林以及存栏待售的牲畜等。生产性生物资产指为产出农产品、提供劳务或出租等目的而持有的生物资产，包括经济林、薪炭林、产畜和役畜等。公益性生物资产指以防护、环境保护为主要目的的生物资产，包括防风固沙林、水土保持林和水源涵养林等。

根据《企业会计准则第 5 号——生物资产》的规定，企业应当在附注中披露与生物资产及其增减变动有关的下列信息：

- 生物资产的类别以及各类生物资产的实物数量和账面价值。
- 各类消耗性生物资产的跌价准备累计金额，以及各类生产性生物资产的使用寿命、预计净残值、折旧方法、累计折旧和减值准备累计金额。
- 天然起源生物资产的类别、取得方式和实物数量。
- 用于担保的生物资产的账面价值。
- 与生物资产相关的风险情况与管理措施。
- 因购买而增加的生物资产。
- 因自行培育而增加的生物资产。

- 因出售而减少的生物资产。
- 因盘亏或死亡、毁损而减少的生物资产。
- 计提的折旧及计提的跌价准备或减值准备。
- 其他变动。

（2）非货币性资产交换

非货币性资产交换指企业主要以固定资产、无形资产、投资性房地产和长期股权投资等非货币性资产进行的交换。这类交换不涉及或只涉及少量的货币性资产（补价）。根据《企业会计准则第7号——非货币性资产交换》的规定，企业应当在附注中披露与非货币性资产交换有关的下列信息：

- 非货币性资产交换是否具有商业实质及其原因。
- 换入资产、换出资产的类别。
- 换入资产初始计量金额的确定方式。
- 换入资产、换出资产的公允价值以及换出资产的账面价值。
- 非货币性资产交换确认的损益。

（3）资产减值

资产减值指资产的可收回金额低于其账面价值。根据《企业会计准则第8号——资产减值》的规定，企业应当在附注中披露与资产减值有关的下列信息。

- 当期确认的各项资产减值损失金额。
- 计提的各项资产减值准备累计金额。
- 提供分部报告信息的，应当披露每个报告分部当期确认的减值损失金额。

注意，发生重大资产减值损失的，还应当在附注中披露导致每项重大资产减值损失的原因和当期确认的重大资产减值损失的金额。如果发生重大减值损失的资产是单项资产，则应披露该单项资产的性质；如果发生重大减值损失的资产是资产组，应披露资产组的基本情况、资产组中包含的各项资产于当期确认的减值损失金额等。另外，发生了重大资产减值的，还应在附注中披露资产可收回金额的确定方法。

此外，关于商誉的兼职，也有需要披露的内容，这里不再一一详述。

（4）企业年金基金

企业年金基金是指根据依法制定的企业年金计划筹集的资金及其投资运营收益形成的企业补充养老保险基金。根据《企业会计准则第 10 号——企业年金基金》的规定，应当在附注中披露与企业年金基金有关的下列信息：

- 企业年金计划的主要内容及重大变化。
- 投资种类、金额及公允价值的确定方法。
- 各类投资占投资总额的比例。
- 可能使投资价值受到重大影响的其他事项。

（5）股份支付

股份支付在第 5 章所有者权益变动表的相关内容中已经简单介绍过，根据《企业会计准则第 11 号——股份支付》的规定，企业应当在附注中披露与股份支付有关的下列信息：

- 当期授予、行权和失效的各项权益工具总额。
- 期末发行在外的股份期权或其他权益工具行权价格的范围和合同剩余期限。
- 当期行权的股份期权或其他权益工具以其行权日价格计算的加权平均价格。
- 权益工具公允价值的确定方法。
- 股份支付交易对当期财务状况和经营成果的影响，至少包括当期因以权益结算的股份支付而确认的费用总额、当期因以现金结算的股份支付而确认的费用总额以及当期以股份支付换取的职工服务总额及其他方服务总额。

该准则规定，企业对性质相似的股份支付信息可以合并披露。

（6）债务重组

债务重组也在本书第5章的相关内容中简单介绍过，根据《企业会计准则第12号——债务重组》的规定，债权人应当在附注中披露与债务重组有关的下列信息：

- 根据债务重组方式，分组披露债权账面价值和债务重组相关损益。
- 债务重组导致的对联营企业或合营企业的权益性投资增加额，以及该投资占联营企业或合营企业股份总额的比例。

债务人应当在附注中披露与债务重组有关的下列信息：

- 根据债务重组方式，分组披露债务账面价值和债务重组相关损益。
- 债务重组导致的股本等所有者权益的增加额。

（7）建造合同

建造合同是指为建造一项或数项在设计、技术、功能、最终用途等方面密切相关的资产而订立的合同。根据《企业会计准则第15号——建造合同》的规定，企业应当在附注中披露与建造合同有关的下列信息：

- 各项合同总金额，以及确定合同完工进度的方法。
- 各项合同累计已发生成本、累计已确认毛利（或亏损）。
- 各项合同已办理结算的价款金额。
- 当期预计损失的原因和金额。

（8）政府补助

在《企业会计准则第16号——政府补助》中所指的政府补助，是企业从政府无偿取得货币性资产或非货币性资产。根据该准则的规定，企业应当在附注中单独披露与政府补助有关的下列信息：

- 政府补助的种类、金额和列报项目。
- 计入当期损益的政府补助金额。
- 本期退回的政府补助金额及原因。

（9）借款费用

借款费用是指企业因借款而发生的利息及其他相关成本，包括借款利息、折价或溢价的摊销、辅助费用以及因外币借款而发生的汇兑差额等。根据《企业会计准则第 17 号——借款费用》的规定，企业应当在附注中披露与借款费用有关的下列信息：

- 当期资本化的借款费用金额。
- 当期用于计算确定借款费用资本化金额的资本化率。

（10）所得税

《企业会计准则第 18 号——所得税》所称的所得税，包括企业以应纳税所得额为基础的各种境内和境外税额。根据该准则的规定，企业应当在附注中披露与所得税有关的下列信息：

- 所得税费用（收益）的主要组成部分。
- 所得税费用（收益）与会计利润关系的说明。
- 未确认递延所得税资产的可抵扣暂时性差异、可抵扣亏损的金额（如果存在到期日，还应披露到期日）。
- 对每一类暂时性差异和可抵扣亏损，在列报期间确认的递延所得税资产或递延所得税负债的金额，确认递延所得税资产的依据。
- 未确认递延所得税负债的，与对子公司、联营企业及合营企业投资相关的暂时性差异金额。

（11）外币折算

外币折算通常在涉及外币交易中会发生，根据《企业会计准则第19号——外币折算》的规定，企业应当在附注中披露与外币折算有关的下列信息：

- 企业及其境外经营选定的记账本位币及选定的原因，记账本位币发生变更的，说明变更理由。
- 采用近似汇率的，近似汇率的确定方法。
- 计入当期损益的汇兑差额。
- 处置境外经营对外币财务报表折算差额的影响。

其他还有租赁、企业合并、金融工具确认和计量以及金融资产转移等事项需要在附注中作相应的披露，具体可以参考企业会计准则的相关细则。

# 第7章

## 掌握报表数据在财务分析中的运用

对企业来说，各财务报表编制完成后，不应仅停留在看数据的层面，还应对报表数据进行细致分析，从而切实了解企业的经营情况，以便做出正确的经营决策。那么报表数据如何运用呢？本章就来学习运用报表数据分析企业经营状况的方法。

# 7.1 透过财务指标看企业偿债能力

偿债能力是指企业用其资产偿还短期债务和长期债务的能力。企业的财务状况是否良好,经营能力的强弱等,都需要借助偿债能力的分析来判断。

## 7.1.1 短期偿债能力分析

短期偿债能力是指企业以流动资产偿还流动负债的能力，它反映企业偿付日常到期债务的能力。用来分析企业短期偿债能力的财务指标主要有以下三个。

（1）流动比率

流动比率是企业流动资产与流动负债的比值，用下列计算公式为：

流动比率=流动资产÷流动负债

该比率越高，说明企业偿还短期负债的能力越强；反之，比率越低，说明企业短期偿债能力越弱。国际上公认的流动比率为2:1。因为过高的流动比率对企业来说并非好事,比率过高,说明企业流动资产远大于流动负债,企业可能存在资产闲置的现象，会相应地降低资产利用率，使企业失去其他投资获利机会。

在考虑流动比率是否合理时，还要结合企业所处行业的特点来分析。比如房地产开发企业，由于其资金使用量大，资金回笼周期长，所以很可能导致企业的流动比率过低。然而此时并不能说明企业的短期偿债能力弱。

**｜范例解析｜ 计算流动比率分析企业短期偿债能力**

某公司2020年资产负债表日，流动资产合计为29 262 092 079.46元，流动负债合计为20 257 521 476.93元，仅从流动比率的角度看该公司的短期偿债能力。

流动比率=29 262 092 079.46÷20 257 521 476.93≈1.44

从流动比率来看，该公司的短期偿债能力比较强，1.44 说明企业每 1.00 元的流动负债有 1.44 元的流动资产保证偿还。但是与 2:1 这一比率还有一定的差距，该公司还可以采取适当的措施提高自身的短期偿债能力。

需要特别注意，通过流动比率评价企业短期偿债能力时，存在一定的局限性。如果流动比率高，但流动资产的流动性较差，如企业的流动资产中大部分是存货，则企业的短期偿债能力仍然不强，因为存货如果滞销，变现就成问题。

（2）速动比率

速动比率是企业速动资产与流动负债的比值，用下列计算公式为：

速动比率=速动资产÷流动负债

速动资产=流动资产-存货

从内容上看，企业的速动资产包括货币资金、交易性金融资产、应收票据和应收账款等。严格地说，企业的速动资产除了要从流动资产中扣除存货外，还应扣除预付账款、一年内到期的非流动资产和其他流动资产等变现能力较差的流动资产。

该比率的运用撇开了变现能力较差的存货，因此在用来判断企业短期偿债能力时，比流动比率更精准。比率越高，说明企业的短期偿债能力越强；反之，比率越低，企业的短期偿债能力越弱。国际上公认的速动比率为 1:1。

**| 范例解析 |　计算速动比率分析企业短期偿债能力**

某公司2020年资产负债表日，货币资金合计5 998 204 295.87元，应收票据合计622 115 477.04元，应收账款合计13 799 971 014.22元，应收账款融资合计1 404 987 700.38元，流动负债合计20 257 521 476.93元。仅从速动比率的角度看该公司的短期偿债能力。

速动比率=（5 998 204 295.87+622 115 477.04+13 799 971 014.22+1 404 987 700.38）÷20 257 521 476.93=1.08

从速动比率来看，该公司的短期偿债能力较强。1.08 ＞ 1 说明了该公司每 1.00 元的流动负债，有 1.08 元的速动资产用来偿还。另外，由于 1.08 与 1.44 之间存在明显的差距，说明存货对该公司流动资产的流动性影响不容小觑。

（3）现金比率

现金比率是企业的现金类资产与流动负债的比值，它反映企业的直接偿付能力，因为现金是企业偿还债务的最终手段。用下列计算公式为：

现金比率=（现金+现金等价物）÷流动负债

上述计算公式中的“现金 + 现金等价物”就是现金流量表中反映的现金及现金等价物，也就是概念中提及的现金类资产。

现金比率高，说明企业有较好的支付能力，对短期债务的偿还有保障，但如果比率过高，可能反映出企业拥有过多盈利能力较低的现金类资产，资产利用率较低。比率越低，说明企业现金越缺乏，可能发生支付困难，面临财务危机，也就说明企业的短期偿债能力较弱。

## |范例解析| 计算现金比率评价企业短期偿债能力

某公司2020年资产负债表日，现金流量表中反映的现金及现金等价物余额为5 405 113 257.99元，资产负债表中反映的流动负债为20 257 521 476.93元。从现金比率的角度看该公司的短期偿债能力。

现金比率=5 405 113 257.99÷20 257 521 476.93≈0.27

从现金比率来看，该公司的短期偿债能力不强，每 1.00 元的流动负债只有 0.27 元的现金类资产可用于偿还。结合速动比率可以得知，在速动资产中，应收账款和应收票据等占大部分，使得企业的现金类资产较少，从而导致现金比率低。

### 7.1.2 长期偿债能力分析

长期偿债能力是指企业对债务的承担能力和偿还债务的保障能力，这一能力是企业债权人、投资者、经营者以及与企业有关联的各方都十分关注的重要问题。用来分析企业长期偿债能力的财务指标主要有以下四个。

（1）资产负债率

资产负债率也称负债比率或举债经营比率，是企业负债总额与资产总额的比值，它反映企业的资产总额中有多大比例是通过举债得到的。用下列计算公式表示为：

资产负债率=负债总额÷资产总额×100%

该比率反映企业偿还债务的综合能力，比率越高，说明企业偿还债务的能力越弱，财务风险越大；反之，比率越低，偿还债务的能力越强。该比率被认为在 50% 左右为宜，比率也不能过低，过低说明企业的资产很大程度上都是靠投资者投资获得，没有充分利用杠杆效应进行举债经营，这对投资者来说压力会很大，风险也会很大。

**｜范例解析｜ 计算资产负债率看企业综合偿债能力**

某公司2020年资产负债表日，资产总额为39 594 533 471.65元，负债总额为22 705 906 152.13元，从资产负债率看企业综合偿债能力。

资产负债率=22 705 906 152.13÷39 594 533 471.65×100%≈57.35%

从资产负债率来看，该公司的综合偿债能力较强，在所有资产中，通过举债得到的资产有 57.35%，有效进行了举债经营，既不过分回避举债，也不过分举债，使企业的债务保持在合理水平。

但是要注意，某些特殊行业的资产负债率可能会很高，如房地产开发行业，因为开发时投入资金较多，可能产生很多负债，而资金回笼的速度又较慢，就很可能导致企业的资产负债率较高，但这并不能说明企业的综合偿债能力就一定很弱。

因此，在运用资产负债率评价企业的综合偿债能力时，需要结合行业特点以及季节性经营等因素。

（2）股东权益比率

股东权益比率是企业股东权益总额与资产总额的比值，它反映资产总额中有多大比例是所有者投入的。很显然，该比率与资产负债率相加等于1。用计算公式表示为：

股东权益比率=股东权益总额÷资产总额×100%

股东权益比率越大，资产负债率就越小，股东投入的资产在总资产中所占比重就越大，企业综合偿债能力就越强，财务风险就越低；反之，股东权益比率越小，资产负债率越大，股东投入的资产在总资产中所占比重越小，企业综合偿债能力越弱，财务风险越高，但此时财务杠杆越大。

**| 范例解析 | 计算股东权益比率看企业长期偿债能力**

某公司2020年资产负债表日，资产总额39 594 533 471.65元，股东权益总额16 888 627 319.52元，从股东权益比率看企业的长期偿债能力。

股东权益比率=16 888 627 319.52÷39 594 533 471.65×100%≈42.65%

从股东权益比率来看，企业股东投入形成的资产占总资产的42.65%，在合理范围内，既不会因为过多而降低财务杠杆效应，也不会因为过少而增加企业的财务风险。

另外，我们把股东权益比率的倒数称为权益乘数，即资产总额与股东权益总额的比值，表示资产总额是股东权益总额的多少倍。

权益乘数直观地反映企业财务杠杆的大小，权益乘数越大，说明股东投入的资本在资产中所占比重越小，财务杠杆越大；反之，权益乘数越小，财务杠杆越小。

（3）产权比率

产权比率是负债总额与股东权益总额的比值，因此也称为负债股权比率，它反映企业的债权人提供资金与股东提供资金的对比关系。用下列计算公式为：

产权比率=负债总额÷股东权益总额

产权比率可以揭示企业财务风险以及股东权益对债务的保障程度。比率越低，说明企业股东权益对债务的保障程度越高，财务风险越低，长期偿债能力越强；反之，比率越高，说明企业股东权益对债务的保障程度越低，财务风险越高，长期偿债能力越弱。

**| 范例解析 | 计算产权比率看企业长期偿债能力**

某公司2020年资产负债表日，负债总额22 705 906 152.13元，股东权益总额16 888 627 319.52元，从产权比率看企业的长期偿债能力。

产权比率=22 705 906 152.13÷16 888 627 319.52≈1.34

从产权比率来看，企业债权人提供资金是股东提供资金的1.34倍，说明企业充分利用了举债经营，减小了股东的资金压力，但同时说明该公司股东权益对债务的保障程度不算太高，还是存在一定的财务风险。

（4）利息保障倍数

利息保障倍数是税前利润加利息费用之和与利息费用的比值，它反映企业的经营所得支付债务利息的能力。用下列计算公式表示为：

利息保障倍数=（税前利润+利息费用）÷利息费用=息税前利润÷利息费用

注意，该公式中的利息费用不仅包括财务费用中的利息支出，还包括计入固定资产成本的资本化利息。

保障倍数越大，说明企业经营所得越能有效保证按时按量支付债务利息；反之，保障倍数越小，说明企业越难以保证用经营所得按时按量支付债务利息，侧面反映企业的长期偿债能力越弱。一般来说，利息保障倍数至少要大于 1，否则经营所得就难以偿付债务利息，财务风险较大。

**| 范例解析 | 计算利息保障倍数分析企业长期偿债能力**

某公司2020年资产负债表日，利润表中列示的2020年财务费用中的利息费用共258 189 163.79元，当年无资本化的利息费用；利润表列示当年利润总额2 157 236 448.78元。从利息保障倍数看企业的长期偿债能力。

利息保障倍数=（2 157 236 448.78+258 189 163.79）÷258 189 163.79

=9.36

从利息保障倍数来看，远大于 1，说明企业经营所得能有效保证偿还债务利息，且很充裕，企业的长期偿债能力强，同时也具有较强的盈利能力。至于该公司的盈利能力是否真的很强，还需要结合盈利能力指标综合判断。

# 7.2 利用财务指标看企业营运能力

营运能力是指企业的经营运行能力，即企业运用各项资产以赚取利润的能力。本节就从不同的资产规模入手，学习营运能力指标，分析企业营运能力的强弱。

## 7.2.1 流动资产的营运能力

流动资产的营运能力主要是分析流动资产赚取利润的能力，常用的财务指标有以下三个：

（1）应收账款周转率

应收账款周转率是企业一定时期内赊销收入净额与应收账款平均余额

的比值，它反映应收账款在一个会计年度内的周转次数。因此，可以用来分析应收账款的变现速度和管理效率。用下列计算公式表示为：

应收账款周转率=赊销收入净额÷应收账款平均余额

应收账款平均余额=（应收账款期初余额+应收账款期末余额）÷2

赊销收入净额=销售收入净额-现销收入=（销售收入-销售退回-销售折扣-销售折让）-现销收入

周转率越高，说明应收账款在一个会计年度内的周转次数越多，周转速度越快，流动性越强，企业的营运能力越强；反之，周转率越低，周转速度越慢，流动性越弱，企业的营运能力越弱。

### |范例解析| 计算应收账款周转率分析营运能力

某公司2020年资产负债表日，当年赊销收入净额为1 035 094 416.90元，资产负债表列示的应收账款期初余额为10 712 983 544.18元，期末余额为13 799 971 014.22元。从应收账款角度看企业的营运能力。

应收账款平均余额=（10 712 983 544.18+13 799 971 014.22）÷2

=12 256 477 279.20（元）

应收账款周转率=1 035 094 416.90÷12 256 477 279.20≈0.08（次）

从应收账款周转率来看，该公司的应收账款每年周转不到一次，说明应收账款周转速度非常慢，流动性很小，企业资金回笼的周期很长。

（2）存货周转率

存货周转率是企业一定时期内销售成本与存货平均余额的比值，它可以反映企业存货的变现速度，从而体现企业的营运能力。用下列计算公式表示为：

存货周转率=销售成本÷存货平均余额

存货平均余额=（存货期初余额+存货期末余额）÷2

同理，存货周转率越高，说明存货在一个会计年度内周转的次数越多，周转速度越快，流动性越强，不易积压，企业的营运能力也相对越强；反之，周转率越低，周转速度越慢，流动性越弱，存货容易积压，营运能力相对越弱。

注意，上述计算公式中的销售成本，在实际工作中为了简化运算，可直接取利润表中的“营业成本”项目数据。

### | 范例解析 | 计算存货周转率分析营运能力

某公司2020年资产负债表日，利润表中列示的2020年度营业成本共有52 591 767 464.37元，资产负债表中列示的存货期初余额5 063 274 143.26元，期末余额6 285 010 674.46元。从存货周转率的角度看公司营运能力。

存货平均余额=（5 063 274 143.26+6 285 010 674.46）÷2

=5 674 142 408.86（元）

存货周转率=52 591 767 464.37÷5 674 142 408.86≈9.27（次）

从存货周转率来看，该公司的存货在一个会计年度内可以周转 9.27 次，以 360 天为准，周转一次大概需要 39 天，周转速度较快，存货不易积压，企业营运能力还是比较强的。

但是要注意，有些企业的经营活动具有很强的季节性，则年度内各季度的销售成本与存货会有较大幅度的波动，此时以一个会计年度为存货周转率的核算期间会使计算结果不准确，可以按月或按季度余额来进行计算。

（3）流动资产周转率

流动资产周转率是销售收入与流动资产平均余额的比值，它可以反映企业全部流动资产的利用效率。用下列计算公式表示。

流动资产周转率=销售收入÷流动资产平均余额

流动资产平均余额=（流动资产期初余额+流动资产期末余额）÷2

流动资产周转率表明在一个会计年度内企业流动资产的周转次数。周转率越大，说明企业流动资产在一个会计年度内的周转次数越多，周转速度越快，资产的利用率越高；反之，周转率越小，周转速度越慢，资产的利用率越低。

上述公式中的销售收入，在实际工作中可以直接取利润表中的“营业收入”项目数据。

### | 范例解析 | 计算流动资产周转率分析营运能力

某公司2020年资产负债表日，利润表中列示的2020年度营业收入共计59 649 455 012.03元，资产负债表中列示的流动资产期初余额合计为26 895 626 340.18元，期末余额为29 262 092 079.46元。从流动资产周转率看企业的营运能力。

流动资产平均余额=（26 895 626 340.18+29 262 092 079.46）÷2

=28 078 859 209.82（元）

流动资产周转率=59 649 455 012.03÷28 078 859 209.82≈2.12（次）

从流动资产周转率来看，公司的流动资产在一个会计年度内周转了两次，接近每半年周转一次，流动资产的利用率并不低，具有一定的营运能力。但还可以通过有效的措施适当提高流动资产的周转率，进而提高流动资产的利用率，为企业争取更多的投资获益机会。

实务中，财会人员很难单纯地从流动资产周转率大小看出企业营运能力的强弱，因此还需要结合企业所处的行业特点，或者与竞争企业相比，看企业的流动资产周转率是高还是低，从而判断流动资产的利用效率。

## 7.2.2 固定资产的营运能力

固定资产的营运能力主要通过固定资产周转率来体现。固定资产周转率是企业销售收入与固定资产平均净值的比值，它可以反映企业对厂房、设备等固定资产的利用效率。用下列计算公式表示为：

固定资产周转率=销售收入÷固定资产平均净值

固定资产平均净值=（固定资产期初净值+固定资产期末净值）÷2

固定资产净值=固定资产原始价值-已计提折旧额

固定资产周转率表明在一个会计年度内企业固定资产的周转次数。周转率越大，说明固定资产周转速度越快，企业对厂房和设备等固定资产的利用效率越高，营运能力越强；反之，周转率越小，固定资产周转速度越慢，企业对厂房和设备等固定资产的利用效率越低，营运能力越弱。

### | 范例解析 |　计算固定资产周转率分析营运能力

某公司2020年资产负债表日，利润表中列示的2020年度营业收入共计59 649 455 012.03元，资产负债表中列示的固定资产期初净值708 000 172.63元，期末净值854 191 083.27元。从固定资产周转率看公司的营运能力。

固定资产平均净值=（708 000 172.63+854 191 083.27）÷2

=781 095 627.95（元）

固定资产周转率=59 649 455 012.03÷781 095 627.95≈76.37（次）

从固定资产周转率来看，该公司的固定资产在一个会计年度内周转了76次，以360天为准，大概5天就会周转一次，周转速度非常快，说明公司对厂房和设备等固定资产的利用效率很高，对于提升企业的盈利能力有很好的帮助。

对于固定资产周转率，财会人员也需要结合行业特点，或者与同行业竞争对手相比较来进行分析。如果固定资产周转率与同行业平均水平相比偏低，则说明企业对固定资产的利用效率偏低，可能会影响企业的盈利能力；反之，如果周转率高于同行业平均水平，则说明企业对固定资产的利用效率较高。

### 7.2.3 企业总资产的营运能力

总资产的营运能力主要通过总资产周转率来评价。总资产周转率是企业销售收入与资产平均总额的比值，它反映了企业全部资产的使用效率。用下列计算公式表示为：

总资产周转率=销售收入÷资产平均总额

资产平均总额=（资产期初总额+资产期末总额）÷2

总资产周转率表明在一个会计年度内企业总资产的周转次数。周转率越大，说明总资产的周转速度越快，企业利用资产进行经营活动的效率越高，营运能力越强；反之，周转率越低，说明总资产的周转速度越慢，企业利用资产进行经营活动的效率越低，营运能力越弱，甚至可能影响企业的盈利能力。

**| 范例解析 | 计算总资产周转率分析营运能力**

某公司2020年资产负债表日，利润表中列示的2020年度营业收入共计59 649 455 012.03元，资产负债表中列示的资产期初总额34 028 843 214.20元，期末总额39 594 533 471.65元。从总资产周转率看公司的营运能力。

资产平均总额=（34 028 843 214.20+39 594 533 471.65）÷2

=36 811 688 342.93（元）

总资产周转率=59 649 455 012.03÷36 811 688 342.93≈1.62（次）

从总资产周转率来看，该公司所有资产在一个会计年度内周转了接近两次，以 360 天为准，大概 222 天可以周转一次，周转速度不是很快。此时需要与同行业平均水平相比，如果比平均水平高，则说明公司总资产周转速度快，企业利用其资产进行经营活动的效率高；反之，低于同行业平均水平，说明企业总资产周转速度慢，企业利用其资产进行经营活动的效率低。

# 7.3 以财务指标看企业盈利能力

盈利能力是指企业获取利润的能力，也可以理解为企业资金或资本的增值能力，通常表现为一定时期内企业收益数额的多少及其水平的高低。用来评价企业盈利能力的财务指标包括但不限于资产报酬率、股东权益报酬率、销售净利率、成本费用净利率和每股收益等。

## 7.3.1 衡量企业的总资产盈利能力

要分析判断企业总资产的盈利能力，可以从资产息税前利润率、资产利润率和资产净利率等财务指标入手，这些指标可统称为资产报酬率。

（1）资产息税前利润率

资产息税前利润率是在一定时期内企业的息税前利润与资产平均总额的比值，通常用来评价企业利用全部经济资源获取收益的能力，也可以反映企业利用全部资产进行经营活动的效率。用下列计算公式表示为：

资产息税前利润率=息税前利润÷资产平均总额×100%

息税前利润是企业支付债务利息和所得税之前的利润总额。资产息税前利润率通常被企业的债权人用来分析企业资产报酬率。该利润率越高，说明盈利能力越强，如果该利润率大于负债利息率，则更进一步说明企业有足够的收益用来支付债务利息，盈利能力强，偿债能力也比较强；反之，利润率越低，说明企业经营能力越弱，经营收益很可能难以支付债务利息。

**知识延伸｜什么是负债利息率**

负债利息率是指企业支付的利息费用与债务总额的比值，用计算公式表示为：负债利息率=利息支出÷平均负债×100%=利息支出÷（平均总资产−平均所有者权益）×100%。

## | 范例解析 | 计算资产息税前利润率

某公司2020年资产负债表日，利润表中列示的2020年度利润总额共计2 157 236 448.78元，利息费用258 189 163.79元。资产负债表中列示的总资产期初余额34 028 843 214.20元，期末余额39 594 533 471.65元；总负债期初余额18 454 862 937.49元，期末余额22 705 906 152.13元。从资产息税前利润率看公司的盈利能力。

资产平均总额=（34 028 843 214.20+39 594 533 471.65）÷2

=36 811 688 342.93（元）

息税前利润=（2 157 236 448.78+258 189 163.79）=2 415 425 612.57（元）

资产息税前利润率=2 415 425 612.57÷36 811 688 342.93×100%≈6.56%

平均负债=（18 454 862 937.49+22 705 906 152.13）÷2

=20 580 384 544.81（元）

负债利息率=2 415 425 612.57÷20 580 384 544.81×100%≈11.74%

资产息税前利润率6.56%＜负债利息率11.74%。

从资产息税前利润率来看，公司的盈利能力并不是很强，加上该利润率小于负债利息率，进一步说明公司的盈利能力不强，利用全部经济资源获取收益的能力较弱，偿债能力也较弱，企业用经营收益偿还债务利息有一定的困难。

（2）资产利润率

资产利润率是一定时期内企业的税前利润总额与资产平均总额的比值，它可以综合反映企业资产的盈利能力，同时还可以反映企业管理者对资产的配置能力。用下列计算公式表示为：

资产利润率=利润总额÷资产平均总额×100%

利润总额反映了企业在扣除所得税之前的全部收益，所得税政策的变化不会对利润总额产生影响。该利润率越高，说明企业的资产盈利能力越强，企业管理者对资产的配置能力也越强；反之，利润率越低，企业的资产盈利能力越弱，管理者对资产的配置能力越弱，侧面也说明企业的资产利用效率较低。

**| 范例解析 | 计算资产利润率**

某公司2020年资产负债表日，利润表中列示的2020年度利润总额共计2 157 236 448.78元，资产负债表中列示的总资产期初余额34 028 843 214.20元，期末余额39 594 533 471.65元。从资产利润率看公司的盈利能力。

资产平均总额=（34 028 843 214.20+39 594 533 471.65）÷2

=36 811 688 342.93（元）

资产利润率=2 157 236 448.78÷36 811 688 342.93×100%≈5.86%

从资产利润率来看，公司的盈利能力并不强，所获利润总额仅占所有投入的经济资源的5.86%，侧面也反映企业的管理者对资产的配置可能还存在不足，导致资产的利用效率偏低。

（3）资产净利率

资产净利率是一定时期内企业的净利润与资产平均总额的比值，它通常用于评价企业对股权投资的回报能力。当股东分析企业的资产报酬率时，常常会用这个财务指标，用下列计算公式表示为：

资产净利率=净利润÷资产平均总额×100%

上述公式中的净利润可以直接从利润表中得到，它是企业所有者获得的剩余收益。该指标值越高，说明企业盈利能力越强；反之，指标值越低，企业盈利能力越弱。

实务中，计算前后期企业资产净利率的高低，通过二者的变化，就可以判断企业的盈利能力是在增强还是在减弱。

**| 范例解析 | 计算资产净利率**

某公司2020年资产负债表日，利润表中列示的2020年度净利润共计1 721 296 398.72元，资产负债表中列示的总资产期初余额34 028 843 214.20元，期末余额39 594 533 471.65元。从资产净利率看公司的盈利能力。

资产平均总额=（34 028 843 214.20+39 594 533 471.65）÷2

=36 811 688 342.93（元）

资产净利率=1 721 296 398.72÷36 811 688 342.93×100%≈4.68%

从资产净利率来看，公司每投入 100.00 元的资产可以获得 4.68 元的净利率，看上去并不高，似乎盈利能力并不强。为了判断该公司 2020 年的盈利能力是增强了还是减弱了，需要通过与 2019 年的资产净利率相比较，计算方法与案例展示的相同。

## 7.3.2 判断股东权益的盈利能力

股东权益的盈利能力通常用股东权益报酬率来衡量，该财务指标也称净资产收益率或所有者权益报酬率，是一定时期内企业的净利润与股东权益平均总额的比值。它可以反映企业股东获取投资报酬的高低，也是评价企业盈利能力的重要指标，用下列计算公式表示为：

股东权益报酬率=净利润÷股东权益平均总额×100%

股东权益平均总额=（股东权益期初总额+股东权益期末总额）÷2

股东权益报酬率越高，说明股东获取的投资报酬越高，企业盈利能力越强；反之股东获取的投资报酬越低，企业盈利能力越弱。

需要说明的是，上述公式中的股东权益平均总额都是用账面价值而不是以市场价值来计算。一般来说，股份公司的股东权益市场价值都会高于其账面价值，如果以股东权益的市场价值来计算股东权益报酬率，则结果可能会远低于净资产收益率，所以要采用账面价值计算。

**| 范例解析 | 计算股东权益报酬率**

某公司2020年资产负债表日，利润表中列示的2020年度净利润共计1 721 296 398.72元，资产负债表中列示的股东权益期初余额15 573 980 276.71元，期末余额16 888 627 319.52元。从股东权益报酬率看公司的盈利能力。

股东权益平均总额=（15 573 980 276.71+16 888 627 319.52）÷2

=16 231 303 798.12（元）

股东权益报酬率=1 721 296 398.72÷16 231 303 798.12×100%≈10.60%

从股东权益报酬率来看，该公司的股东每投入100.00元，就可以获取10.60元的净利润，相比总资产，股东权益的盈利能力更强。换句话说，该公司的举债经营在一定程度上拉低了总资产的盈利能力。

从另一个方面看，企业借助举债经营需要向债权人偿还本金和利息，所以会拉低企业的经营利润，从而对企业的盈利能力产生反向影响。

## 7.3.3 分析销售活动的盈利能力

销售活动的盈利能力主要从销售获利以及成本费用两方面入手，常用的财务指标有销售毛利率、销售净利率和成本费用净利率等。

（1）销售毛利率

销售毛利率俗称毛利率，是企业的销售毛利与营业收入净额的比值，它可以反映企业的营业成本与营业收入的比例关系。用下列计算公式表示为：

销售毛利率=销售毛利÷营业收入净额×100%

销售毛利=营业收入净额-营业成本

上述公式中涉及的营业收入净额即销售收入净额，在本章7.2.1节的内容中已经介绍过，这里不再赘述。

销售毛利率越大，说明在企业的营业收入净额中营业成本所占比重越小，企业通过销售获取利润的能力越强；反之，销售毛利率越小，说明营业收入净额中营业成本所占比重越大，企业通过销售获取利润的能力越弱。

### | 范例解析 | 计算公司的销售毛利率

某公司2020年资产负债表日，利润表中列示的2020年度营业收入共计59 649 455 012.03元，营业成本共计52 591 767 464.37元。假设该公司当年没有发生销售退回、销售折扣与折让，那么从销售毛利率看公司的盈利能力如何呢？

销售毛利=59 649 455 012.03−52 591 767 464.37=7 057 687 547.66（元）

销售毛利率=7 057 687 547.66÷59 649 455 012.03×100%≈11.83%

从销售毛利率来看，该公司每获取100.00元的销售收入，可以获得11.83元的毛利。换句话说，就需要投入88.17元（100.00−11.83）的营业成本。初步看似乎企业的盈利能力并不强，为了更准确地判断公司的盈利能力高低，可以与同行业的销售毛利率平均水平进行比较，高于平均水平说明公司的盈利能力较强，低于平均水平说明公司的盈利能力较弱。

同理，可以与公司前期的销售毛利率进行比较，看是否有增长。如果有，说明公司的盈利能力在增强；如果在降低，说明公司的盈利能力在减弱。

（2）销售净利率

销售净利率是一定时期内企业获取的净利润与营业收入净额的比值，它说明了企业净利润占营业收入净额的比重，可以评价企业通过销售活动赚取利润的能力。用下列计算公式表示为：

销售净利率=净利润÷营业收入净额×100%

销售净利率越大，说明企业通过销售活动赚取利润的能力越强，盈利能力越强，同时也能反映企业通过扩大销售获取报酬的能力越强；反之，销售净利率越小，说明企业通过销售活动赚取利润的能力越弱，盈利能力越弱，通过扩大销售获取报酬的能力也越弱。

### | 范例解析 | 计算公司的销售净利率

某公司2020年资产负债表日，利润表中列示的2020年度营业收入共计59 649 455 012.03元，净利润共计1 721 296 398.72元。假设该公司当年没有发生销售退回、销售折扣与折让，那么从销售净利率看公司的盈利能力如何呢?

销售净利率=1 721 296 398.72÷59 649 455 012.03×100%≈2.89%

从销售净利率来看，该公司每获取100.00元的销售收入，就能获得2.89元的净收益。同样需要与同行业平均水平比较得出该公司的净利率高低，然后再判断该公司的盈利能力；同时与本公司前期的销售净利率相比，看盈利能力是增强还是减弱了。

（3）成本费用净利率

成本费用净利率是一定时期内企业的净利润与成本费用总额的比值，它反映了企业生产经营过程中发生的耗费与获得的报酬之间的关系。用计算公式表示为：

成本费用净利率=净利润÷成本费用总额×100%

成本费用是企业为了取得利润而付出的代价，主要包括营业成本、税金及附加、销售费用、管理费用、财务费用和所得税费用等。

成本费用净利率越高，说明企业为了获取报酬而付出的代价越小，盈利能力越强；反之，成本费用净利率越低，说明企业为了获取报酬而付出的代价越大，盈利能力越弱。由此可见，通过成本费用净利率不仅可以评价企业盈利能力的高低，还能评价企业对成本费用的控制能力及经营管理水平。

**| 范例解析 | 计算公司的成本费用利润率**

某公司2020年资产负债表日，利润表中列示的2020年度净利润共计1 721 296 398.72元，营业成本52 591 767 464.37元，税金及附加154 631 447.20元，销售费用3 943 134 095.75元，管理费用1 008 178 815.78元，财务费用119 855 169.85元，所得税费用435 940 050.06元。从成本费用净利率看公司的盈利能力。

成本费用总额=52 591 767 464.37+154 631 447.20+3 943 134 095.75+1 008 178 815.78+119 855 169.85+435 940 050.06=58 253 507 043.01（元）

成本费用净利率=1 721 296 398.72÷58 253 507 043.01×100%≈2.95%

从成本费用净利率来看，该公司付出 100.00 元的代价才能获取 2.95 元的净利润，可以说盈利水平较低，盈利能力不强，企业对成本费用的控制能力较弱。但是，如果该公司的成本费用净利率高于同行业平均水平，此时就不能说企业的盈利水平低、对成本费用的控制能力较差了。

如果与公司前期的成本费用净利率相比，有明显的上升，说明该公司的盈利能力在增强，对成本费用的控制能力也在变强，经营管理水平在提高；反之，如果在下降，说明公司的盈利能力在减弱，对成本费用的控制能力也在变差，经营管理水平在降低。

### 7.3.4 与上市公司盈利能力有关的财务指标

上市公司盈利能力的分析，主要与股票价值有关，常见分析指标有每股收益、市盈率和市净率等。

（1）每股收益

每股收益也称每股利润或每股盈余，是公司普通股每股所获得的净利润，用计算公式表示为：

每股收益=（净利润-优先股股利）÷发行在外的普通股平均股数

每股收益越高，说明企业的盈利能力越强；反之，每股收益越低，说明企业的盈利能力越弱。

虽然每股收益可以直观地反映股份公司的盈利能力和股东报酬，但它是一个绝对指标，在分析时还应结合流通在外的股数。比如，股份公司采用股本扩张的政策，大量配股或以股票股利的形式分配股利，这样必然会摊薄每股收益，此时每股收益低却不能说明企业的盈利能力弱。

另外，还要注意每股股价的高低，比如 A 和 B 公司的每股收益都是 1.5 元，但 A 公司股价为 20.00 元，B 公司的股价为 18.00 元，则两家公司的盈利显然是不同的。

### | 范例解析 | 核算上市公司的每股收益

某公司2020年资产负债表日，根据各会计报表的数据可知，用以计算基本每股收益的当期净利润为1 401 892 593.23元，经调整后的发行在外普通股的加权平均数为428 126 983股。从每股收益看公司的盈利能力。

每股收益=1 401 892 593.23÷428 126 983=3.27（元）

从每股收益来看，该公司普通股每股获得的净利润为 3.27 元，那么该公司的盈利是强还是弱呢?

此时需要结合股东权益报酬率来分析。在一定的普通股股数的基础上，如果该公司的股价为 10.00 元，则普通股总额为 4 281 269 830.00 元（428 126 983×10.00），此时将普通股总额作为股东权益总额，可以简单地算出股东权益报酬率为 32.74%（1 401 892 593.23÷4 281 269 830.00×100%）；如果该公司股价为 15.00 元，则普通股总额为 6 421 904 745.00 元（428 126 983×15.00），也可以简单计算出股东权益报酬率为 21.83%（1 401 892 593.23÷6 421 904 745.00）。

很显然，借助股价的高低就可以判断公司盈利能力的高低。如果公司股价为 10.00 元时每股收益为 3.27，比起股价为 15.00 元时每股收益为 3.27

时盈利能力更强，因为前者股东权益报酬率为 32.74%，大于后者 21.83%。

（2）市盈率和市净率

市盈率和市净率都是以企业盈利能力为基础的市场估值指标，两者实际上不是常用的盈利能力分析指标，但对判断企业的盈利能力也有协助作用。用计算公式表示为：

市盈率=每股市价 ÷ 每股收益

市净率=每股市价 ÷ 每股净资产

每股净资产=股东权益总额 ÷ 发行在外的普通股股数

**| 范例解析 |　核算市盈率和市净率**

某公司2020年资产负债表日，每股收益为3.27元，每股市价为10.00元，资产负债表列示的股东权益总额为16 888 627 319.52元，假设发行在外的普通股股数为428 126 983股，计算公司的市盈率和市净率。

市盈率=10.00 ÷ 3.27≈3.06

市净率=10 ÷（16 888 627 319.52 ÷ 428 126 983）=0.25

市盈率和市净率是投资者以盈利能力分析为基础，对公司股票进行价值评估的工具。通过这两个指标的分析，企业可以判断股票的市场定价是否符合公司的基本面，为投资者的投资活动提供决策依据。

市盈率可以反映公司市场价值与盈利能力之间的关系，资本市场中并不存在一个标准的市盈率，分析时也需要结合行业特点，但一般来说，市盈率越高，说明投资者对公司的发展前景看好，愿意出较高的价格购买公司的股票，所以，成长性好的公司其股票市盈率通常较高。

市净率可以反映公司股票市场价值与账面价值之间的关系，比率越高，说明股票的市场价值越高。通常来说，资产质量好、盈利能力强的公司，其市净率会比较高。

# 7.4 从财务指标看企业发展能力

发展能力是指企业扩大规模、壮大实力的潜在能力，又称成长能力，因此涉及的财务指标主要从各种重要数据的增长性入手，如销售增长率、资产增长率、股权资本增长率和利润增长率等。

## 7.4.1 以销售增长率看营收发展

销售增长率是企业当年营业收入增长额与上年营业收入总额的比值，用下列计算公式表示为：

销售增长率=当年营业收入增长额÷上年营业收入总额×100%

当年营业收入增长额=当年营业收入总额-上年营业收入总额

销售增长率为正，说明企业的营业收入比起前期在增加，企业有一定的发展能力，增长率越高，发展能力越强；增长率为负，说明企业的营业收入比起前期在减少，企业发展能力在减弱，增长率越低，发展能力减弱得就越厉害。

**| 范例解析 | 计算当期销售增长率**

某公司2020年资产负债表日，当年营业收入共59 649 455 012.03元，2019年营业收入共52 786 807 476.28元。从销售增长率看公司的发展能力。

2020年营业收入增长额=59 649 455 012.03−52 786 807 476.28

=6 862 647 535.75（元）

销售增长率=6 862 647 535.75÷52 786 807 476.28×100%≈13%

从销售增长率来看，该公司营业收入在2019年的基础上增长了13%，增长率为正，说明公司有一定的发展能力，至于发展能力是强还是弱，可以与同行业平均水平的销售增长率做比较，高于平均水平，说明公司发展能力强，低于平均水平，说明发展能力较弱。同时，与本企业 2019 年的销售增长率相比较，如果高于 2019 年的销售增长率，说明该公司营业收入在不断增加，发展能力较强；如果低于 2019 年的销售增长率，说明公司发展能力在 2020 年受到限制。

### 7.4.2 以资产增长率看规模扩展情况

资产增长率是企业当年总资产增长额与年初资产总额的比值，它反映了企业当年资产规模的扩展情况。用计算公式表示为：

资产增长率=当年总资产增长额÷当年年初资产总额×100%

当年总资产增长额=当年年末资产总额-当年年初资产总额

资产增长率为正，说明企业资产规模在扩大，增长率越高，资产规模扩大的速度越快，企业的发展能力和竞争力越强；增长率为负，说明企业资产规模在缩小，增长率越小，说明资产规模缩小的速度越快，企业的发展能力和竞争力越弱，甚至可能出现企业没有发展能力和竞争力的情况。

**| 范例解析 | 计算年度资产增长率**

某公司2020年资产负债表日，资产负债表中列示的2019年末资产总额为34 028 843 214.20元，2020年末资产总额为39 594 533 471.65元。从资产增长率看公司的发展能力。

由于2019年末的资产总额就是2020年初的资产总额，因此：

2020年资产增长额=39 594 533 471.65−34 028 843214.20

=5 565 690 257.45（元）

2020年资产增长率=5 565 690 257.45÷34 028 843 214.20×100%≈16.36%

从资产增长率来看，该公司 2020 年资产总额达到了 16.36% 的涨幅，增长率为正，说明公司资产规模在扩大，有一定的发展能力。如果与同行业平均水平相比较低，说明公司发展能力较弱；如果比同行业平均水平高，说明公司发展能力较强。与本公司 2019 年的资产增长率相比，如果更高，说明公司的发展能力较强，发展速度在不断加快；如果更低，说明公司的发展能力受到限制，发展速度在减缓。

### 7.4.3 以股权资本增长率看资本累积能力

股权资本增长率也称净资产增长率或资本积累率，是企业当年股东权益增长额与年初股东权益总额的比值。用下列计算公式表示。

股权资本增长率=当年股东权益增长额÷当年年初股东权益总额×100%

当年股东权益增长额=当年年末股东权益总额-当年年初股东权益总额

股权资本增长率为正，说明企业当年有资本累积数，增长率越高，资本累积速度越快，企业发展能力越强；增长率为负，说明企业当年没有资本累积数，甚至还需要弥补亏损，增长率越低，企业发展能力越弱，甚至没有发展能力。

**| 范例解析 | 计算年度股权资本增长率**

某公司2020年资产负债表日，资产负债表中列示的2019年末股东权益总额为15 573 980 276.71元，2020年末股东权益总额为16 888 627 319.52元。从股权资本增长率看公司的发展能力。

2020年股东权益增长额=16 888 627 319.52−15 573 980 276.71

=1 314 647 042.81（元）

2020年股权资本增长率=1 314 647 042.81÷15 573 980 276.71×100%

≈8.44%

从股权资本增长率来看，该公司 2020 年的股权资本达到了 8.44% 的涨幅，说明完成了一定数量的资本积累，有一定的发展能力。与同行业平均水平相比，如果更高，说明公司发展能力强，资本累积速度快；如果更低，说明公司发展能力弱，资本累积速度较慢。同时，与本公司 2019 年的股权资本增长率相比，如果更高，说明公司资本累积速度在不断加快，发展能力强；如果更低，说明公司资本累积的速度在减慢，发展能力受到了限制。

### 7.4.4 以利润增长率看企业成长性

利润增长率是企业当年利润总额的增长额与上年利润总额的比值，它不仅可以用来衡量企业的发展能力，也能在一定程度上反映企业的盈利能力。用计算公式表示为：

利润增长率=当年利润总额增长额÷上年利润总额×100%

当年利润总额增长额=当年利润总额-上年利润总额

利润增长率为正，说明企业当年获得的利润总额比上年多，增长率越高，利润增长速度越快，企业发展能力越强；增长率为负，说明该企业当年获得的利润总额比上年少，增长率越低，利润下降得就越厉害，企业发展能力越弱。

**| 范例解析 | 计算公司当期利润增长率**

某公司2020年资产负债表日，利润表中列示的2020年利润总额为2 157 236 448.78元，2019年利润总额为1 851 456 178.02元。从利润增长率看公司的发展能力。

当年利润总额增长额=2 157 236 448.78−1 851 456 178.02

=305 780 270.76（元）

利润增长率=305 780 270.76÷1 851 456 178.02×100%≈16.52%

从利润增长率来看，该公司 2020 年利润总额达到了 16.52% 的涨幅，增长率为正，说明 2020 年的利润总额比 2019 年多，企业有一定的发展能力。

与同行业平均水平相比，如果更高，说明发展能力强，利润总额的增长速度快；如果更低，说明发展能力较弱，利润总额的增长速度较慢，成长性较小。

与该指标相似的是净利润增长率，其反映的是企业当年净利润增长额与上年净利润的比值，用计算公式表示为：

净利润增长率=当年净利润增长额÷上年净利润×100%

当年净利润增长额=当年净利润–上年净利润

由于计算过程以及分析方法都与利润增长率相似，这里就不再重复举例说明。

以上就是本章介绍的用于分析、衡量企业偿债能力、盈利能力、营运能力和发展能力的常用财务指标，实务中企业管理者要注意结合运用，不能单纯地从某一个指标值就判断企业经营能力的强弱。

# 7.5 常用的财务综合分析方法

在财务分析工作中，常用的综合分析方法是杜邦分析法。该方法利用了几种主要的财务指标之间的关系，来综合分析企业的财务状况。杜邦分析法主要用来评价公司盈利能力和股东权益回报水平，从财务角度评价企业绩效。

杜邦分析法在运用时，将净资产收益率分解为三部分进行分析，即利润率、总资产周转率和财务杠杆。由此就可以说明净资产收益率受三类因素影响，内容如下：

- **净利润率：**用销售净利润率衡量，表明企业的盈利能力。
- **总资产周转率：**用资产周转率衡量，表明企业的营运能力。

- **财务杠杆：**用权益乘数衡量，表明企业的资本结构。

用计算公式表示为：

净资产收益率=销售净利润率×资产周转率×权益乘数=（净利润÷销售收入）×（销售收入÷平均总资产）×（平均总资产÷平均净资产）

为了更加直观地展现三类因素对净资产收益率的影响过程，以杜邦分析法中的树状图进行说明，如图 7-1 所示。

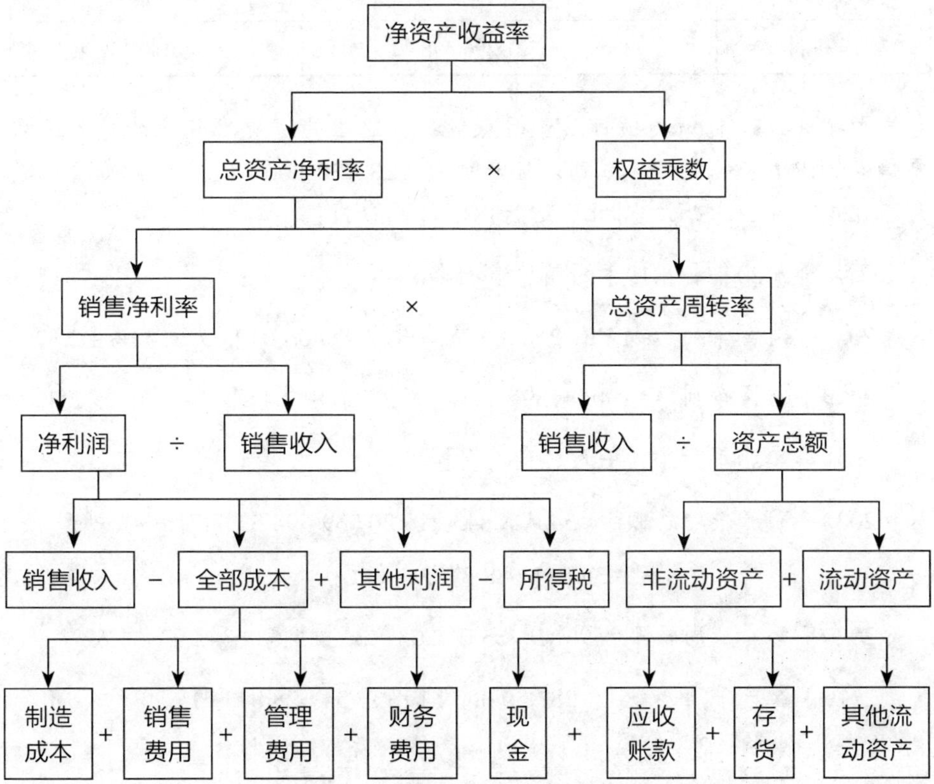


图 7-1 杜邦分析法树状图

下面通过具体的案例，介绍杜邦分析法的运用。

## | 范例解析 | 利用杜邦分析法看公司经营绩效

某公司2020年资产负债表日，一些重要项目数据见表7-1。

表 7-1 2020 和 2019 年公司重要财务数据

| 项目 | 2020 年（末）金额（元） | 2019 年（末）金额（元） |
|---|---|---|
| 资产总额 | 39 594 533 471.65 | 34 028 843 214.20 |
| 负债总额 | 22 705 906 152.13 | 18 454 862 937.49 |
| 营业收入 | 59 649 455 012.03 | 52 786 807 476.28 |
| 净利润 | 1 721 296 398.72 | 1 480 159 453.24 |

由于资产、负债类项目属于时点数据，这里为了更准确地计算，还需要知道2018年末的数据，分别是资产总额为28 930 300 519.97元，负债总额为15 024 524 026.92元。对此，进行以下计算分析：

①计算2020年和2019年的销售净利率。

2020年销售净利率=1 721 296 398.72÷59 649 455 012.03×100%≈2.89%

2019年销售净利率=1 480 159 453.24÷52 786 807 476.28×100%≈2.80%

②计算2020年和2019年的总资产周转率。

2020年资产平均总额=（34 028 843 214.20+39 594 533 471.65）÷2

=36 811 688 342.93（元）

2020年总资产周转率=59 649 455 012.03÷36 811 688 342.93≈1.62

2019年资产平均总额=（28 930 300 519.97+34 028 843 214.20）÷2

=31 479 571 867.09（元）

2019年总资产周转率=52 786 807 476.28÷31 479 571 867.09≈1.68

③计算2020和2019年的总资产净利率。

2020年总资产净利率=2.89%×1.62≈4.68%

2019年总资产净利率=2.80%×1.68≈4.70%

④计算2020年和2019年的权益乘数。

权益乘数=资产总额÷股东权益总额

2020年末股东权益总额=39 594 533 471.65−22 705 906 152.13

=16 888 627 319.52（元）

2019年末股东权益总额=34 028 843 214.20−18 454 862 937.49

=15 573 980 276.71（元）

2018年末股东权益总额=28 930 300 519.97−15 024 524 026.92

=13 905 776 493.05（元）

2020年股东权益平均总额=（15 573 980 276.71+16 888 627 319.52）÷2

=16 231 303 798.12（元）

2019年股东权益平均总额=（13 905 776 493.05+15 573 980 276.71）÷2

=14 739 878 384.88（元）

2020年权益乘数=36 811 688 342.93÷16 231 303 798.12≈2.27

2019年权益乘数=31 479 571 867.09÷14 739 878 384.88≈2.14

⑤计算2020和2019年的净资产收益率。

2020年净资产收益率=4.68%×2.27≈10.62%

2019年净资产收益率=4.70%×2.14≈10.06%

计算出的重要指标数据对比，见表7−2。

首先，从各指标的增长性看该公司的经营绩效。销售净利率由2019年的2.80%涨到2.89%，说明公司盈利能力有所提高；总资产周转率由2019年的1.68降低到2020年的1.62，说明营运能力有所减弱；权益乘数由2019年的2.14上升到2.27，说明资产总额中股东权益总额的占比在减小，公司2020年可能扩大了举债经营范围。

表 7-2　2020 和 2019 年重要指标数据

| 指标 | 2020 年 | 2019 年 |
|---|---|---|
| 销售净利率 | 2.89% | 2.80% |
| 总资产周转率 | 1.62 | 1.68 |
| 总资产净利率 | 4.68% | 4.70% |
| 权益乘数 | 2.27 | 2.14 |
| 净资产收益率 | 10.62% | 10.06% |

其次，从总资产净利率和权益乘数的相互作用，看公司净资产收益率受到的具体影响。2020年总资产净利率比2019年低，但2020年净资产收益率比2019年高，这说明2020年权益乘数起到了拉高当年净资产收益率的作用，换句话说，2020年可能采取的扩大举债经营范围给企业带来了更高的收益率。

然后，从销售净利率和总资产周转率的相互作用，看公司的总资产净利率受到的具体影响。2020年销售净利率比2019年销售净利率高，但2020年总资产净利率却比2019年低，这说明2020年总资产周转率的下降减弱了企业总资产的盈利能力。

最后，综合分析影响净资产收益率的因素。2020年销售净利率比2019年高0.09%，而2020年总资产净利率比2019年低0.02%，2020年总资产周转率比2019年低0.06，说明该公司2020年的总资产净利率受到总资产周转率变化的影响较大。

2020年总资产净利率比2019年的低0.02%，而2020年净资产收益率比2019年的高0.56%，2020年权益乘数比2019年的高0.13，说明该公司2020年的净资产收益率受到权益乘数变化的影响较大。

综合来看，该公司2020年的净资产收益率受到了多方因素的影响，但影响较大的主要是总资产周转率和权益乘数。

# 第8章

## 防范财务舞弊行为与虚假信息

企业财务涉及生产经营过程中的资金运动，个别财会工作者或其他相关人员可能由于某种原因在工作中做出舞弊行为，从而提供虚假的会计信息。很显然，这对企业正常且顺利发展有重大的不利影响。所以，相关人员要从自身和企业利益出发，需要防范财务舞弊行为，具有识别虚假会计信息的能力。

# 8.1 了解虚假报表产生的原因和危害

无论是财务工作中的不小心，还是故意操作，都可能使最终的财务报表编制错误，从而形成虚假报表。其中，欺诈性报表性质恶劣，它带有主观故意性，那么这样的报表究竟是怎么产生的，会带来怎样的危害呢？

## 8.1.1 欺诈性报表的含义及产生原因

这里的欺诈性报表主要是指一种故意误导财务报表使用者的行为，它不包括财会人员因工作马虎而形成的虚假报表。关于欺诈性报表的基本认识，见表 8-1。

表 8-1　欺诈性报表的基本认识

| 内　容 | 说　明 |
| --- | --- |
| 表现形式 | 谎报财务报表数据 |
| 常用手段 | 虚增盈利 |
| 可能涉及的人 | 公司内部从基层员工到高层管理者 |
| 需要承担相应法律责任的人 | 公司内部涉及财务报表欺诈活动的人、会计师事务所及注册会计师等 |

欺诈性报表产生的原因主要有三个方面。

（1）企业内部业绩评价制度有缺陷

企业内部业绩评价制度的存在，使得企业内部的权、责、利结合在一起，促使企业持续发展。完善的业绩评价制度不仅可以奖勤罚懒，促使员工争先创优，保持企业生机和活力，还可以协助完善企业的激励机制。

然而，如果业绩评价制度有缺陷，不仅无法有效发挥其作用，还会为报表欺诈提供“温床”。比如业绩评价制度过分强调员工业绩，制定不切实际的业绩预算指标，就会使员工面临业绩压力，从而诱发欺诈，谎报数据；中层管理者则可能为了完成上层管理者下达的不现实的任务而谎报实际完成数；高层管理者为了改善公司形象，可能会指使财会人员造假，谎报财务报表数据。

（2）过度注重短期目标

报表数据可以反映企业的财务状况、经营成果等信息，很多公司的高层管理人员会直接以报表利润数据或投资收益数据为目标，向下级各管理人员下达任务，然后按照是否完成任务决定员工的奖惩处理甚至去留。

然而，企业的财务报表大多是以年为单位编制，甚至有的是月度报表、季度报表，这些都属于短期报表，因而反映的企业经营情况也都是短期的。所以，这样过度注重短期目标，就可能使员工在完不成目标利润指标或投资收益指标时，想尽办法造假，甚至谎报财务报表数据。

（3）高层管理人员怂恿甚至指示做假

高层管理人员怂恿甚至指示做假，主要表现在两方面，一是最高层管理人员对企业内部发生的较小的报表欺诈行为采取“睁一只眼、闭一只眼”的态度；二是高层管理人员出于某种目的的需要，如增发新股或发行债券，甚至进行其他一些不可告人的活动等。

前者由于最高层管理人员“不作为”的处理态度，会使得企业内部的报表欺诈行为蔓延，甚至愈演愈烈，也给报表欺诈提供了“繁育”的机会。后者属于主动助长报表欺诈行为，由于职场中上下级关系的影响，高层管理人员提出的要求，基层员工很难不遵照执行，因此就必然会产生报表欺诈。

### 8.1.2 欺诈性报表带来的危害

要深刻意识到欺诈性报表的不可取，就需要熟知其带来的危害，具体包括以下三方面：

（1）使企业财务状况处于恶性循环中从而可能面临破产倒闭

一方面，企业上层利润管理目标是以上年业绩为基数制定的，所以在当年下达工作任务时都会比上一年有所增加，由于报表存在欺诈性，真实的利润不是报表反映的利润水平，这样就会使企业后期实现利润的难度越来越大，最终报表中的虚假无法被“填补”，就不得不面临破产倒闭。

另一方面，欺诈性报表使得企业的亏损“潜藏”起来，不得以要通过后期的经营来消化掉这些潜藏的亏损。然而，不断发生的报表欺诈行为使得企业的潜亏越来越大，隐患也越来越多，最终无法消化、弥补，从而走向破产倒闭的结局。

（2）使投资者遭受巨大损失

欺诈性报表反映的企业经营信息本身就是不正确的，而投资者对企业投资时主要的依据就是看财务报表。很显然，投资者通过虚假的报表信息分析出的企业经营情况并不符合实际，从而导致做出的投资决策不正确，一旦决策与企业实际经营情况背离太多，投资者就可能遭受巨大损失。

例如，美国某公司由于虚增巨额利润误导投资者，在其欺诈行为暴露后，使投资者对该公司的信心崩塌，股价在短时间内从数十美元跌至几十美分，使投资者遭受了巨大的经济损失。

不仅如此，欺诈性财务报表也会对不知情的企业内部人员造成伤害。如果是不知情的高层管理者，没有发现报表中隐藏的错误和舞弊行为，就可能根据当前的报表信息做出错误的经营决策，使企业面临危机。如果是不知情的基层员工，在看到充满虚假会计信息的报表时，还以为公司经营良好，对于公司可能已处于破产边缘却浑然不知。如果是财会人员，很可能因为欺诈性报表在后期被税务部门或其他主管部门查出财务舞弊，而需要负连带责任。

（3）使会计师事务所出现信任危机

财务报表要对外进行公示时，必然需要会计师事务所出具审计报告。如果会计师事务所没有发现报表隐藏的欺诈信息，就可能在企业的欺诈财务报表行为暴露时受到牵连，从而使外界对会计师事务所的能力产生怀疑，不再信任会计师事务所的办事效率。

如美国某家公司的欺诈性财务报表是世界五大会计师事务所之一的安达信会计师事务所审计的，由于该公司欺诈财务报表行为暴露，使得公司名誉扫地，必然需要承担相应的法律责任，同时也引发了美国会计界强烈的“地震”，注册会计师也陷于诉讼中，有的被吊销营业执照，有的被追究刑事责任。

欺诈性财务报表带来的危害，不仅仅停留在经济损失上，更严重的是会让涉案人员面临法律风险。

# 8.2 认识财务指标背后的假象

在本书第 7 章认识了各种评价和衡量企业能力的财务指标，实务中这些财务指标并不是百分之百能够准确反映企业的经营状况，因为会计信息如果做假，就会直接影响财务指标的结果，这时财务指标所反映的企业经营情况就可能是一种假象。为了准确掌握企业经营情况，财会人员和相关人员就需要认识各种财务指标背后的假象。

## 8.2.1 偿债能力指标的假象

偿债能力指标的假象通常表现在以下两个方面：

（1）流动比率高——短期偿债能力强

在进行财务指标分析时，流动比率主要用来衡量企业的年度短期偿债能力。通常来说，流动比率越高，短期偿债能力越强。

然而，如果流动比率的分子——流动资产中，存货或者应收账款数额较大，相应地现金、银行存款等的数额占比就较小，这样一来，企业实际用流动资产偿还流动负债的能力就会很弱。这就与直接通过流动比率高而判断出企业短期偿债能力强的结论不一致，此时“流动比率高预示着企业短期偿债能力强”就是一种假象。

所以，识别“流动比率高、短期偿债能力强”这一假象的有效方法就是结合速动比率和现金比率分析企业的偿债能力。

（2）年末流动比率显著变化——企业自身资产充足

会计工作实务中，有些企业在向银行申请贷款时，由于银行提供借款需要调查企业的资信情况，而企业就会为了获得充足的资产而伪造虚假数据。比如在年末时通过对外举债来偿还大量的负债，第二年又继续对外借债。这样做，企业年末的流动负债就会明显减少，从而使得流动比率显著增大，营造出企业自身资产充足的假象。

所以，当企业年末进行财务分析发现流动比率突然明显增大时，就可以通过查找年末是否有明显的借款变化来辅助判断流动比率的真实性，从而识别出“年末流动比率显著提高、企业自身资产充足”的假象。

### 8.2.2 营运能力指标的假象

营运能力指标主要是各种资产的周转率，而资产的周转率又可以反映资产的流动性强弱。那么资产的流动性强是否就一定能说明企业的营运能力强呢？这些财务指标又存在怎样的假象？

（1）应收账款周转率高，营运能力一定强吗

企业的应收账款周转率高，就判定其营运能力强，实际上是不准确的，因为应收账款周转率高还有可能是企业奉行了比较严格的信用政策，制定的信用保证和信用条件过于苛刻的结果。此时，就很可能影响企业的销售业绩，进而影响存货的周转率，使其偏低，综合来看营运能力就不一定强，因为盈利能力可能受到不利影响。

所以，在应收账款周转率高的情况下，只有再结合企业的存货周转率、经营活动现金流入量、流量净额以及企业销售利润率，才能更准确地判定企业的营运能力是否真的变强，以此来识别“应收账款周转率高、营运能力一定强”的假象。

（2）存货周转率低，营运能力一定弱吗

经济市场中，有一些企业的生产经营活动具有很强的季节性，这样就会使年度内各季度的销售成本和存货都有非常大幅度的波动，此时如果以一个会计年度为核算单位来分析企业的存货周转率，就会因为季度与季度或月度与月度之间的存货周转率相互抵消，而无法准确判断企业的营运能力，存货周转率就会失去其衡量营运能力的作用，较低的存货周转率也就不能说明企业的营运能力一定弱。

所以，在企业存货周转率较低的情况下，还要结合企业所处的行业特点，看是否存在销售淡旺季之分。如果存在，就要按月或按季计算存货周转率，从而更准确地衡量企业的营运能力，这样就可以识别出“存货周转率低、营运能力一定弱”的假象。

### 8.2.3 盈利能力指标的假象

盈利能力指标是各种报酬率、利润率，由于盈利可能造假，加上不同的利润项目代表不同的盈利层次，因此有些指标反映出的企业盈利情况就

不一定准确。

（1）资产息税前利润率高，盈利能力强吗

资产息税前利润率是企业一定时期内息税前利润与资产平均总额的比值，而息税前利润是不扣除利息支出时的利润额。如果息税前利润中利息支出占比较大，则说明扣除利息支出后的利润额就会很少，此时高的资产息税前利润率就不能说明企业的盈利能力强。

所以，在资产息税前利润率高的情况下，企业需要结合资产利润率和资产净利率，进一步判断企业的资产报酬率是否较高，同时还要与同行业的资产报酬率平均水平相比较，这样才能准确判断企业的盈利能力是高还是低，由此识别“资产息税前利润率高、盈利能力强”的假象。

（2）股东权益报酬率高，盈利能力强吗

股东权益报酬率是企业一定时期内净利润与股东权益平均总额之比，如果是因为企业的股东权益平均总额较小而使股东权益报酬率较高，虽然能从一方面说明企业股东权益的盈利能力较强，但同时也可能存在企业负债过高的情况，此时企业的偿债能力可能会比较弱，综合来看，企业的盈利能力未必强。

所以，当企业的股东权益报酬率较高时，需要结合企业的偿债能力来看企业的综合盈利能力是强还是弱，如果偿债能力较低，则“股东权益报酬率高、盈利能力强”就是一个典型的经营绩效好的假象。

（3）销售毛利率高，盈利能力强吗

盈利毛利率的计算中，销售毛利只是企业一段时间内营业收入净额与营业成本的差额，而实际生产经营过程中还可能涉及其他费用、损失，这些最终都会影响企业的盈利。单纯地从销售毛利率来看企业的盈利能力，实际上并不十分准确。如果企业生产经营过程中发生了较高的期间费用，且都是合理支出，又存在一些损失，则最终的销售利润率或销售净利率就可能很低，严格来看，此时企业的盈利能力并不强。

所以，当企业的销售毛利率较高时，企业还需要结合销售利润率、销售净利率以及成本费用净利率等财务指标来综合判断盈利能力。同时还需要结合企业所处的行业特点，看销售毛利率、销售利润率和销售净利率等是否高出同行业平均水准，才能精准判断企业的盈利能力强弱。

（4）每股收益高，盈利能力强吗

每股收益是企业一段时间内扣除优先股股利后的净利润与发行在外的普通股平均股数的比值，这个数据比值高，有可能是扣除优先股后的净利润较多，也有可能是企业发行在外的普通股平均股数较少。

如果是净利润多，此时也不能判定企业的盈利能力一定强，还需要考虑股东权益报酬率。普通股平均股数与每股股价还会影响股东权益，每股股价高，在不考虑其他股东权益项目的情况下，股东权益总额就会偏高，此时就可能表现出股东权益报酬率不高的情况，企业盈利能力也不一定强。那么，此时的“每股收益高、盈利能力强”就会是一个假象。

所以，当每股收益较高时，企业需要结合股东权益报酬率、资产报酬率以及每股净资产等财务指标，综合判断企业的盈利能力强弱。

**知识延伸 | 什么是每股净资产**

每股净资产也称每股账面价值，它是企业股东权益总额与发行在外的普通股股数的比值。严格来说，每股净资产不是衡量企业盈利能力的指标，但它会受到公司盈利的影响。如果公司利润较高，每股净资产就会快速地增长，这样看来它与公司的盈利能力也有密切的关系，因此可用来辅助判断公司的盈利能力强弱。

## 8.2.4 发展能力指标的假象

发展能力指标主要是一些重要资产或利润项目的增长情况。由于企业所处的行业特点不同，因此经营获利的效果也会有差异，如果企业只与自己相比，就很可能误判自身的发展能力。

（1）销售增长率高，发展能力强吗

销售增长率只是反映企业营业收入的增长情况，它不能反映企业盈利的增长情况。因此销售增长率高，企业的发展能力不一定强，如果企业营业收入增长率低于成本费用增长率，则最后的利润甚至可能出现负增长，此时就不能判定企业的发展能力强，同时盈利能力还可能在减弱。

所以，“销售增长率高、发展能力强”就有可能是一个假象。当企业销售增长率较高时，要结合销售净利率、利润增长率等财务指标，进一步确认企业的发展能力是否较强。只有当销售增长率高，同时利润增长率也较高时，才能说明企业的发展能力强，有足够的动力保持盈利。

当然，无论是销售增长率，还是销售净利率、利润增长率，都要与同行业平均水平相比，高于平均水平才能说明公司的发展能力强，如果低于平均水平，即使增长率再高，也说明公司的增长速度还没有达到同行业的平均水准，发展能力自然也不能说强。

（2）资产增长率高，发展能力强吗

资产增长率是企业当期总资产的增长幅度，是总资产增长额与期初总资产总额的比值。如果总资产的增长额大部分来自投资者追加投资，而不是因为经营获利使得企业资产规模扩大，此时资产增长率高也不能说明企业的发展能力强，所以，“资产增长率高、发展能力强”就只是一个假象。

当企业资产增长率高时，要分析高的原因，是追加投资引起的，还是经营获利后留存收益多而引起的，以此来识别假象。

这里还要注意，如果企业以自身的资产增长率与同行业平均水平相比，高出平均水平，也不能就此判断企业的发展能力强，主要还是因为可能存在追加投资使资产规模扩大的情况，此时无法说明企业是因为经营获利而表现出有较强的发展能力。

（3）股权资本增长率高，发展能力强吗

股权资本增长率是企业当期股东权益增长额与期初股东权益总额的比值。如果股东权益增长额大部分来自实收资本的增加，也不是因为经营获利使企业资产规模扩大，此时股权资本增长率高也不能说明企业的发展能力强，而“股权资本增长率高、发展能力强”就会是假象。

在对这一财务指标进行分析，判断企业发展能力时，分析思路与资产增长率相似，同样需要考虑股东权益增长额的来源。

总的来说，在利用发展能力指标衡量企业的发展能力时，需要结合盈利能力分析来综合判断，因为资产的增长不一定是由经营获利引起的，如果不是由经营获利引起，就不能说明企业的发展能力强。

## 8.3 做好财务风险防范工作

无论是财务报表欺诈，还是财务舞弊行为，或者是财务指标假象，都可能引发财务风险。企业在经营管理过程中，需要采取积极的措施，做好财务风险的防范。

### 8.3.1 简单认识财务报表的九个风险点

财务风险是企业在各项财务活动过程中，由于各种难以预料或控制的因素影响，导致财务状况具有不确定性，从而使得企业有蒙受损失的可能性。

企业要想从财务报表出发防范财务风险，就需要认识和了解财务报表的九个风险点，从而更好地规避风险。

◆ 存货项目余额大且不断增长

存货项目余额大，说明企业的存货较多，如果还处于不断增长的趋势中，则说明企业很可能出现了存货积压、滞销的情况，企业的营运能力较低，盈利能力也可能受到冲击，这些都对企业的发展不利。

◆ 预收、预付账款项目余额大

预收账款的存在表明企业有相应的赊销业务发生，如果余额大，很可能是涉及的赊销业务多，对企业来说，就会增加坏账率，一旦坏账确认无法收回，就会给企业造成实质性的经济损失。

预付账款的存在表明企业有提前支付货款或其他款项的业务存在，如果余额或金额大，说明企业发生的提前支付款项的业务多，一旦对方企业破产，甚至携款潜逃，则企业不但收不回已经预付的钱，可能连购买的货物都收不到，可谓“物财两空”，遭受到的损失很可能是巨大的。

◆ 其他应收等往来项目余额大

往来项目是企业与外部单位之间进行交易而形成的，余额大，就说明企业与外部单位之间有较大的债务或债权没有结清，其中的危害与预收、预付项目余额大是类似的。

◆ 资本公积项目余额大

资本公积是企业在经营过程中由于接受捐赠、股本溢价以及法定财产重估增值等原因所形成的公积金。余额大，说明企业很可能存在较多不属于正常经营所获的利益，企业在日常工作中很可能本末倒置，忽视了对正常生产经营活动的管理。因此，需要对收入的确认时点以及费用的列示情况进行检查，看是否合理、及时。

◆ 未分配利润项目的余额大幅度下降

企业未分配利润项目的余额大幅度下降，很可能是企业当期弥补了以前年度的亏损，或者企业当期出现了严重的亏损而用前期的未分配利润补亏，又或者是当期企业对所有者进行了较大范围的利润分配。

如果是因弥补以前年度亏损而使得未分配利润项目余额大幅度下降，一方面可以说明企业的盈利能力在增强，正在逐步扭亏为盈；如果是当期出现了严重亏损而使得前期积累的未分配利润用来补亏，就需要引起重视，要找出当期严重亏损的原因，一旦忽视亏损的事实，就很可能发现不了企业经营管理中存在的问题；如果是企业当期对所有者进行了较大范围的利润分配而导致未分配利润项目余额大幅度下降，则要看利润的分配政策以及标准是否合理、合规，从而发现一些偷逃税款的违法行为，防范税务风险和法律风险。

◆ 营业收入大但印花税申报金额小

营业收入包括主营业务收入和其他业务收入，其中主营业务收入是日常经营活动产生，必然会涉及合同的签订，而签订合同需要按规定缴纳印花税。大多数合同都是按照合同的金额为计税依据来计算需要缴纳的税费，如借款合同以借款金额为计税依据，买卖合同以合同约定价款为计税依据，仓储保管合同以合同约定的仓储费和保管费为计税依据等。

如果营业收入大，而印花税申报金额小，就说明企业可能存在主营业务收入少，其他业务收入多的情况。主营业务收入少表明企业并没有将主营业务作为经营重点，这对企业未来的发展是很不利的。

◆ 营业外收入、财务费用、投资收益项目金额变化较大

营业外收入是与企业日常营业活动没有直接关系的各项利得，其金额变化大，说明企业可能存在较多的非日常营业活动，这可能导致企业忽视日常营业活动的管理。

财务费用主要受利息支出和利息收入的影响，金额变化大，说明利息支出和利息收入项目有很大的变动，企业与银行以及与债权人之间的交易可能发生了重大的变化，也需要引起重视。

投资收益项目金额变化大，说明企业的投资项目有变化，且变化较大，如果投资收益金额大幅下降，就需要了解投资项目是否出现了很大的纰漏与亏损。如果是，就需要考虑是否继续投资；如果投资收益金额大幅上升，就需要了解收益突然增大的原因。如果情况异常，就要分析其中的问题，从而判断是否需要继续投资。

◆ 有直接长期股权投资或其他关联关系但不进行关联往来申报。

由于长期股权投资会涉及企业对被投资单位施加重大影响，或者控制被投资单位，或者与被投资单位建立密切关系，因此可能存在母子公司的关系，因而需要编制合并报表。而在编制合并报表时，有些项目需要做特别的调整和处理，如果不对长期股权投资的具体情况进行申报和披露，就可能存在隐藏内部交易的嫌疑。

同理，企业与外单位存在某些关联关系时，也会给财务舞弊提供操纵空间，因此也需要进行关联往来申报，并在报表附注中做详细披露。

◆ 长期亏损但生产经营规模不断扩大。

这里所说的生产经营规模不断扩大包括不断增资、从股东或其他企业不断借入款项、固定资产规模不断扩大和营业收入稳步增长等。

长期亏损的情况下，如果企业生产经营规模扩大表现为不断增资，此时就说明企业可能入不敷出，需要投资者不断追加投资来填补亏损，以使企业继续经营下去。很显然，这样的情况说明企业的正常经营出了问题。

如果生产经营规模不断扩大是因为从股东或其他企业不断借入款项，也说明企业可能出现资不抵债的问题。

如果是固定资产规模不断扩大而使生产经营规模不断扩大，说明企业可能正在盲目地购建固定资产，这属于盲目进行投资活动，会对企业的发展造成阻碍，一旦后期无法扭亏为盈，这些投资也将得不到回报。

如果是营业收入稳步增长而账面上却表现经营亏损，说明企业的成本费用管控很可能出现了问题，将收入增长的优势消化掉了。企业存在盈利能力低的风险。

除此以外，在实际工作中，可能还会有其他尚未发现或不常见的财务报表风险点，需要财会人员和管理者细心探究、发现。

### 8.3.2 忌用单一的财务指标判断企业经营情况

从本章 8.3 节的内容就可以看出，单一的财务指标很可能营造出企业经营的假象，而为了准确研判企业的财务状况和经营成果，就需要结合多个或多方面的财务指标进行分析，不能靠单一指标来判断。

（1）偿债能力指标与营运能力指标结合

偿债能力指标分析中，涉及流动资产、流动负债、资产总额、负债总额、股东权益总额和现金及现金等价物等项目；营运能力指标分析中，也会涉及各类资产的周转率分析。

对企业来说，较高的偿债能力不一定有较高的营运能力。比如，流动比率高，而原因是存货量大，此时，因为存货容易积压，如果存货周转率低，变现速度就会很慢，再加上其在流动资产中占比较大，就可能导致企业难以偿付流动负债，这样就不能说明企业的短期偿债能力强。只有当存货周转率也高时，说明流动资产中的大部分资产变现速度快，偿还流动负债的能力才可能比较强。

同理，流动资产中包含了应收账款，而应收账款的周转情况会反映出企业的营运能力。如果应收账款也在流动资产中占据较大比例，而其周转速度又较慢，变现能力就比较弱，此时偿还流动负债可能会存在困难，也就不能以流动比率高来说明企业偿债能力强。

（2）偿债能力指标与盈利能力指标结合

偿债能力指标中有一个利息保障倍数，它可以反映企业的经营所得支付债务利息的能力、而经营所得与企业的盈利能力相关。

因为利息保障倍数是息税前利润与利息费用的比值，该比值如果较大，说明利息费用与息税前利润的差距较大，进一步说明企业的经营所得能保障债务利息的偿付。而利息费用与息税前利润差距大，虽然能表明最终获得的利润较高，但此时还没有考虑企业整体投入的资源有多少，投入资源越多，则盈利能力越弱。

因此，偿债能力强不一定说明盈利能力就强，因为盈利能力还受到企业投入资源以及成本费用等影响。而盈利能力强的企业，其偿债能力通常较强。

（3）偿债能力指标与发展能力指标结合

偿债能力指标一般只反映企业某一个会计期间的情况，而企业是否具有发展能力，需要结合本企业前后期的情况，以及本企业与同行业情况做对比。所以，偿债能力强的企业，其发展能力不一定强，比如某个企业偿债能力强，但其资产规模却没有明显扩大，或者营业利润没有明显增加，这些情况的出现都能说明企业并没有明显地向好的方向发展。

而发展能力强也不能说明企业的偿债能力就强。比如企业的资产规模不断扩大，但实际上是因为举债或投资者追加投资，如果是举债增多，则企业很可能面临资不抵债，偿债能力反而可能减弱。

（4）盈利能力指标与营运能力指标结合

盈利能力指标的分析主要是基于权责发生制，其中可能包括大量的未收现盈利。而营运能力指标的分析重点是考察各种资产的周转速度。盈利能力强，营运能力不一定强。

比如，企业的盈利中大部分是非现金收入来源，也就是说应收账款较多，应收账款的增加也在一定程度上说明企业的资金回笼速度慢，变现能力较弱，营运能力不强。

而营运能力强的企业，其盈利能力一般较强。因为营运能力强，说明企业对资产的利用效率较高，能快速回笼资金，同时提高资金的利用效率，能使企业找到更多的盈利机会。

（5）盈利能力指标与发展能力指标结合

盈利能力强的企业，说明其资本积累的速度也会比较快，而资本的积累也说明企业有发展的潜力。

而企业的发展动力主要取决于盈利情况，所以发展能力强的企业，通常也能说明企业的盈利能力较强。这里的发展能力并不单纯地以资产规模的扩张来判定，更多的是考虑资本的积累。

（6）营运能力指标与发展能力指标结合

企业营运能力强，说明对各类资产的利用效率较高，可以多方面地为企业创收，同时也能说明企业对成本费用的控制较为科学、合理，这样企业盈利的概率就会增大，资本得到积累的可能性也越大，企业有足够的动力向前发展。

企业发展能力强，其实也就反映企业的综合能力较强，如果此时企业营运能力弱，则会与发展能力强相互矛盾，毕竟一个对资产利用效率低的企业，怎么会最大限度地创收、盈利，又怎么会使公司具备发展的动力呢？因此，发展能力强的企业，往往也能看出其营运能力强。

### 8.3.3 建立内部财务牵制制度

内部财务牵制制度主要是指不相容职务相分离，以此来达到各财务岗位相互牵制、监督、制约的目的，从而防范财务舞弊行为的发生。

不相容职务相分离要明确各岗位的工作职责，同时明确规定哪些岗位的人员不能兼任哪些财务会计岗位。

根据《中华人民共和国会计法》第三十七条的规定，会计机构内部应当建立稽核制度。出纳人员不得兼任稽核、会计档案保管和收入、支出、费用、债权债务账目的登记工作。

根据我国财政部发布的《会计基础工作规范》第十二条的规定，会计工作岗位可以一人一岗、一人多岗或者一岗多人，但是出纳人员不得兼管稽核、会计档案保管和收入、费用、债权债务账目的登记工作。

通俗点讲，就是企业管钱的人不能同时管账，管账的人不能同时管钱。否则容易出现财务舞弊，如私吞公司财产、挪用公司公款等。

企业可以通过书面文件的形式将内部财务牵制制度进行明确，对财务会计各岗位的设置、人员的配备以及会计人员应该具备的职业道德等作详细的说明。

另外还要建立财务监督机制，以监督内部财务牵制制度的执行情况，同时也可以监督企业内部的财务会计工作和员工的工作规范。

建立内部财务牵制制度，可以从源头防范财务舞弊；而监督机制可以从外围阻止财务舞弊行为的发生。各种财务管理制度结合，降低企业可能面临的财务风险、税务风险和相应的法律风险。